Martin Luther King

Mein Traum vom Ende des Hassens

HERDER / SPEKTRUM
Band 4318

Das Buch

Angesichts der Brutalisierung unserer Gesellschaft zeigt die Biographie Martin Luther Kings: Es gibt Alternativen zu Gewalt und Resignation. Der Traum eines der großen, aufrechten Menschen dieses Jahrhunderts war nie naiv oder weltfremd. Gewalt, Diskriminierung, Gleichgültigkeit und Konformismus – Martin Luther King hat dagegen eine unverbrüchliche Hoffnung gesetzt. Prinzip seines Denkens und Handelns, für das er bis zur letzten Konsequenz voller Zuversicht und glaubwürdig einstand: konsequentes Ernstnehmen der Verbundenheit zwischen allen Menschen, jenseits von Rasse, Familie, Klasse und Nation: „Wir sind alle in einem unentrinnbaren Netz der Gegenseitigkeit gefangen, in eine einzige Hülle des Schicksals gebunden. Wir sind dafür geschaffen, zusammenzuleben ..." Der Band enthält – ungekürzt und zum Teil erstmals in deutscher Sprache – die entscheidenden Texte Kings, die zeigen, wie Wut und Haß umgewandelt werden können zu schöpferischer Kraft – in jedem Menschen. Mit einer tabellarischen Chronologie des Lebens von M. L. King.

Der Autor

Martin Luther King, geb. 1929, führender Bürgerrechtler in den USA, zuletzt Pfarrer in Atlanta, Georgia, wurde am 4. April 1968 ermordet. 1964 Friedensnobelpreis.

Die Herausgeber

Hans-Eckehard Bahr, Dr. theol., Professor in Bochum, und Heinrich Grosse, Dr. theol., Dozent und Pastor in Hannover, haben sich publizistisch und praktisch immer wieder mit dem Werk Martin Luther Kings auseinandergesetzt.

Martin Luther King

Mein Traum vom Ende des Hassens

Texte für heute

Herausgegeben von
Hans-Eckehard Bahr und Heinrich Grosse

Herder
Freiburg · Basel · Wien

Originalveröffentlichung

Herstellung: Freiburger Graphische Betriebe 1994
Umschlaggestaltung: Joseph Pölzelbauer
Umschlagfoto: © Focus, Hamburg 1994, Ernst Haas, Magnum
ISBN: 3-451-04318-1

Inhalt

Vorwort

Martin Luther King: ein Mann mit einem konkreten Traum, wie Menschen zusammenleben können. Kein idealistischer Träumer. Ein schwarzer Pfarrer aus Atlanta (USA), der heute Menschen in allen Erdteilen fasziniert. Ein Mann mit unerhörter Lebenszuversicht trotz vieler Rückschläge. Ein Mensch mit religiösen Hoffnungen, aber kein Glaubensheld.

Mit 25 Jahren begann King im Süden der Vereinigten Staaten seinen Kampf für die Rechte von Menschen, die wie Fremde ausgegrenzt werden. In Montgomery, Alabama, führte er die Proteste gegen die Diskriminierung der Schwarzen an. Es war ihm ernst damit. So ernst, daß er dafür sein Leben riskierte. Am 4. April 1968 wurde er von einem bezahlten weißen Gewalttäter erschossen, als er in Memphis gleiche Rechte für die 1.300 Arbeiter der Müllabfuhr, fast ausnahmslos Schwarze, forderte. Bis zum Schluß blieb er engagiert für Konfliktlösungen ohne Gewalt. Sein Ziel: Ein Leben in Würde nicht nur für die benachteiligten Schwarzen, sondern für alle Menschen, weil sie Kinder Gottes sind

Woher nahm dieser Mann die Kraft, immer wieder auf bedrohlich erscheinende Gegner zuzugehen, sie als Menschen anzusprechen? Woher nahm er die Hoffnung, man könne Wut und Haß umwandeln zu schöpferischer Kraft – in jedem Menschen?

Antwort darauf geben die Reden und Aufzeichnungen Kings, die in diesem Band vorgestellt werden. Sie zeigen seine religiöse Hoffnung und seine politische Erfahrung, daß es für uns Menschen des 20. Jahrhunderts sehr wohl ein Miteinander geben kann, ohne daß wir uns dauernd verletzen oder gegeneinander abschotten müssen.

Wir beide, die Herausgeber, haben in den USA an Aktivitäten der Bürgerrechtsbewegung in den 60er Jahren teilgenommen. Wir freuen uns, daß mit diesem Band die wichtigsten Texte Martin Luther Kings zugänglich sind, darunter vier Texte (Nr. 1, 5, 6 und 13), die hier zum ersten Mal in deutscher Sprache erscheinen.

Im Mai 1994

Hans-Eckehard Bahr
Bochum

Heinrich W. Grosse
Hannover

Martin Luther King – Stationen seines Lebens

Einleitung
von Hans-Eckehard Bahr und Heinrich W. Grosse

Ich habe einen Traum, daß eines Tages diese Nation sich erheben wird und der wahren Bedeutung ihres Credos gemäß leben wird: ‚Wir halten diese Wahrheit für selbstverständlich: daß alle Menschen gleich geschaffen sind.' Ich habe einen Traum, daß eines Tages auf den roten Hügeln von Georgia die Söhne früherer Sklaven und die Söhne früherer Sklavenhalter miteinander am Tisch der Brüderlichkeit sitzen können. Ich habe einen Traum, daß sich eines Tages selbst der Staat Mississippi, ein Staat, der in der Hitze der Ungerechtigkeit und Unterdrückung verschmachtet, in eine Oase der Freiheit und Gerechtigkeit verwandelt. Ich habe einen Traum, daß meine vier kleinen Kinder eines Tages in einer Nation leben werden, in der man sie nicht nach ihrer Hautfarbe, sondern nach ihrem Charakter beurteilen wird.

Das war 1963, im Hochsommer. Aus allen Staaten der USA, von Mississippi im Süden und von Chicago im Norden, waren Schwarze und Weiße nach Washington gekommen, gut zweihunderttausend Bürger und Bürgerinnen der USA. Neun Stunden lang hörten sie vor dem Denkmal Abraham Lincolns die Reden der Bürgerrechtssprecher, klatschten schließlich Dr. King begeistert Beifall, dem jungen, mitreißenden schwarzen Pfarrer aus Alabama. Keine Schüsse, keine Unruhe am Rande. Enthusiasmus lag in der Augustluft. Noch war man in das Washington John F. Kennedys gekommen; noch konnte man hoffen, daß ein Präsident der Vereinigten Staaten die Grundrechte seiner unterdrückten Bürger ernstnehmen würde, den Traum von der Gleichheit aller Bürger und Bürgerinnen, den King machtvoll beschwor:

Wenn wir die Freiheit erschallen lassen – ... von jeder Stadt und jedem Dorf, von jedem Staat und jeder Großstadt, dann werden wir schneller den Tag erleben, an dem alle Kinder Gottes sich die Hände reichen – Schwarze und Weiße, Juden und Christen, Protestanten und Katholiken.

Wer war Martin Luther King jr.? Am 15. Januar 1929 wurde er als Sohn des schwarzen Baptistenpfarrers Martin Luther King sen. und seiner Frau Alberta in Atlanta/Georgia geboren. Obwohl er selber eher behütet in einem vergleichsweise wohlhabenden Elternhaus aufwuchs, identifizierte er sich von Jugend auf mit dem Schicksal der Mehrheit seiner unterdrückten schwarzen Schwestern und Brüder.

Ihm wäre eine Universitätskarriere im attraktiven Norden möglich gewesen, doch er übernahm im Alter von 25 Jahren ein Gemeindepfarramt in Montgomery, im Staat Alabama, wo – wie auch an anderen Orten der Südstaaten – seit über 300 Jahren Schwarze systematisch unterdrückt wurden. 40.000 der 120.000 Einwohner Montgomerys waren Schwarze. Rassentrennung in allen öffentlichen Einrichtungen war eine allseits hingenommene Tatsache. Schwarze, die Dreiviertel aller Benutzer der städtischen Buslinien ausmachten, durften nur im hinteren Teil der Busse Platz nehmen. Die größte Demütigung aber bestand darin, daß sie ihre Plätze freimachen mußten, wenn die Sitze für Weiße nicht ausreichten.

Am 1. Dezember 1955 wurde Mrs. Rosa Parks, eine schwarze Näherin, verhaftet, weil sie es gewagt hatte, ihren Busplatz einem Weißen zu verweigern. Sämtliche Schwarzen-Organisationen der Stadt beschlossen darauf spontan einen Busboykott. Schwarze Pastoren riefen von ihren Kanzeln zu ersten gewaltfreien Widerstandsaktionen auf. Zur allgemeinen Überraschung befolgten fast alle schwarzen Bürger und Bürgerinnen der Stadt am 5. 12. 1955 den Boykott. Als Mrs. Parks wegen Verletzung der Rassengesetze verurteilt wurde, wählte man den jungen Baptistenpfarrer King zum Präsidenten der städtischen Protestbewegung „Montgomery Improvement Association".

King war von nun an in besonderer Weise den Anfeindungen rassistischer Weißer ausgesetzt. Am 30. Januar 1956 warfen unbekannte Weiße eine Bombe auf Kings Veranda. Der unbequeme Pastor sollte mit seiner Familie beseitigt werden. Als viele Schwarze sich, aufgebracht, zur aktiven Gegenwehr bereitmachten, beschwor King die Menge:

Wenn ihr Waffen bei euch habt, nehmt sie wieder mit nach Hause. Wenn ihr keine habt, besorgt euch bitte keine. Wir können dies Problem nicht durch Gegengewalt lösen. Wir müssen der Gewalt mit Gewaltlosigkeit begegnen. Denkt an die Worte Jesu: ‚Wer das Schwert nimmt, wird durch das Schwert umkommen' ... Jesus ruft uns auch heute über die Jahrhunderte hinweg zu: ‚Liebet eure Feinde! Segnet, die euch fluchen. Bittet für die, die euch beleidigen.' Dies müssen wir leben. Wir müssen Haß mit Liebe begegnen.

Diese Reaktion Kings auf den Bombenanschlag machte ihn mit einem Schlag in der ganzen Nation bekannt. Über Nacht war er zum Repräsentanten eines gewaltfreien Widerstands geworden. King, der wie die meisten Bürger seines Landes Waffen zu seiner Selbstverteidigung besaß, beschloß nun, alle Waffen aus seinem Haus zu verbannen.

Ich weiß aus eigener Erfahrung, daß ich in Montgomery ängstlicher war, als ich ein Gewehr im Haus hatte. Als ich zu der Ansicht kam, als Vertreter der Gewaltlosigkeit könne ich kein Gewehr besitzen, mußte ich mich direkt mit dem Problem des Todes auseinandersetzen, und ich tat es. Von jenem Zeitpunkt an benötigte ich kein Gewehr; ich hatte auch keine Angst mehr. Letztlich muß das Gefühl der eigenen Mannhaftigkeit von innen kommen.

Eine heroische Haltung? Die Strenge eines Asketen? So erschien es uns damals. Heute hören wir mit anderen Ohren, was King selber dazu gesagt hat.

Mein Studium Gandhis überzeugte mich davon, daß wahrer Pazifismus nicht einfach Widerstandslosigkeit gegenüber dem Bösen ist, sondern Widerstand gegen Gewalt ... Wahrer Pazifismus ist nicht unrealistische Unterwerfung unter die böse Macht. Es ist eher eine mutige Konfrontation des Bösen mit der Macht der Liebe, in dem Glauben, daß es besser sei, Gewalttätigkeit hinzunehmen als selbst gewalttätig zu sein. Der Gewalttätige vermehrt nur die Gewalttätigkeit und Grausamkeit in der Welt, während der, der sie hinnimmt, ein Gefühl der Scham bei seinem Gegner wecken und dadurch eine Umwandlung und Änderung seines Herzens bewirken kann.

King verstand Gewaltlosigkeit als „Christentum in Aktion".

Der Geist und die Beweggründe kamen von Christus, während die Methode von Gandhi kam ... Gandhi war wahrscheinlich der erste Mensch in der Geschichte, der Jesu Ethik der Liebe über die bloße Wechselwirkung zwischen einzelnen Menschen hinaus zu einer wirksamen sozialen Macht im großen Maßstab erhob.

In seinem 1958 geschriebenen Rückblick auf den Busboykott von Montgomery hat King Grundaspekte gewaltloser Aktion benannt:

1) *Gewaltloser Widerstand ist keine Methode für Feiglinge. Es wird Widerstand geleistet. Wenn jemand diese Methode anwendet, weil er Angst hat oder nur weil ihm die Werkzeuge zur Gewaltanwendung fehlen, so handelt er in Wirklichkeit gar nicht gewaltlos.*
2) Gewaltloser Widerstand will *den Gegner nicht vernichten oder demütigen ... Der Zweck ist ... Aussöhnung. Die Frucht des gewaltlosen Widerstands ist eine neue echte Gemeinschaft.*
3) Der Angriff ist *gegen die Mächte des Bösen gerichtet ..., nicht gegen Personen, die das Böse tun.*
4) Zum gewaltlosen Widerstand gehört *die Bereitschaft, Demütigungen zu erdulden, ohne sich zu rächen, und Schläge hinzunehmen, ohne zurückzuschlagen ... Unverdientes Leiden erlöst. Im Leiden liegt eine gewaltige erzieherische und umwandelnde Kraft.*

5) *Der Anhänger des gewaltlosen Widerstands läßt sich weder äußerlich noch innerlich zu Gewalttätigkeiten hinreißen.*
6) Der gewaltlose Widerstand gründet auf der *Überzeugung, daß das Universum auf der Seite der Gerechtigkeit steht. Infolgedessen hat der, der an Gewaltlosigkeit glaubt, einen tiefen Glauben an die Zukunft.*

Die Schwarzen hielten den Boykott in Montgomery trotz massiver Einschüchterungen und unter großen persönlichen Opfern ein Jahr durch. Sie erreichten schließlich die Aufhebung der Rassentrennung in den öffentlichen Verkehrsmitteln der Stadt. Der Busboykott bildete den Anfang einer aktiven Bürgerrechtsbewegung, die sich über alle Südstaaten ausbreitete. Die Mehrzahl der Bürgerrechtler und Bürgerrechtlerinnen stammte aus schwarzen Kirchengemeinden. Ihr Ziel – die Aufhebung der Rassentrennung in öffentlichen Einrichtungen – versuchten sie mit gewaltlosen Mitteln zu erreichen: durch Demonstrationen, Sit-ins, Gebetswachen, Geschäftsboykotts und die Überfüllung der Gefängnisse.

King wollte den Gewaltzirkel durchbrechen und befragte kritisch die amerikanische Erziehung:

Die Bereitschaft zu gewaltlosen Aktionen . . . bewies, daß die Masse der Schwarzen den Mut hatte, mit den alten, eingewurzelten Vorstellungen zu brechen. Der Grundsatz ‚Auge um Auge‘, der Drang, sich zu verteidigen, wenn man angegriffen wird, waren immer als höchstes Maß amerikanischer Mannhaftigkeit betrachtet worden. Wir sind ein Volk, das die Pioniertradition verehrt, und unsere Helden sind Männer, die die Gerechtigkeit durch gewaltsame Vergeltung . . . verteidigen.

1964 erhielt King den Friedensnobelpreis. Er war erst 35 Jahre alt, aber bereits auf dem Höhepunkt seiner öffentlichen Anerkennung.

Mit Recht konnte King auf die Erfolge der gewaltlosen Bürgerrechtsbewegung in dem Jahrzehnt von 1955 bis 1965 hinweisen: In öffentlichen Einrichtungen der Südstaaten war die Rassentrennung weitgehend aufgehoben. Die Zahl wahlberechtigter Schwarzer hatte bedeutsam zugenommen. Der Kongreß verabschiedete vergleichsweise weitreichende Bürgerrechtsgesetze. Die Zahl der Opfer bei allen Bürgerrechtsaktionen war wesentlich geringer als bei einem einzigen blutigen Ghetto-Aufstand. Vor allem hatten Schwarze ein neues Selbstbewußtsein gewonnen, den „aufrechten Gang" erlernt.

1966 ging King mit seinen Mitarbeitern erstmalig in den Norden, nach Chicago. Eine Zeitlang wohnte er in einem Haus in den Slums. Hier in Chicago waren die Bürgerrechtler und Bürgerrechtlerinnen nicht nur der persönlichen Bösartigkeit einiger Polizeichefs oder der Masse weißer Rassenfanatiker ausgesetzt. Hier wurde ihnen bewußt: Ihr Gegenüber war ein ganzes komplexes Gesellschaftssystem, ein System, das seit 1946 für militärische Zwecke 57 Prozent des nationalen Haushalts ausgab, für Sozialprogramme im Lande selbst jedoch nur 6 Prozent des Haushalts.

Frühzeitig schon sah King, daß der Wettlauf zwischen Rüstungsausgaben und der großen Sozialreform im Lande selbst nur zu ungunsten der 23 Millionen Schwarzen und der anderen Unterprivilegierten auslaufen konnte. Er erkannte die tragische Parallele zwischen dem Rechtskampf der Entrechteten in den Großstädten der USA und denen in den Elendszonen der sogenannten „Dritten Welt", die Parallele zwischen den Armen in den USA und den Armen in Vietnam. King verlagerte nun das Schwergewicht seiner Kritik vom Rassismusproblem auf das Problem der Armut:

Vor einigen Jahren sah es so aus, als ob mit dem Anti-Poverty-Programm für die Armen, die Schwarzen wie die Weißen, das Versprechen einer echten Hoffnung gegeben war. Dann kam der Ausbau des Kampfes in Vietnam. So wurde ich mehr und mehr gezwungen, den Krieg als den Feind der Armen anzusehen und diesen Feind zu bekämpfen. ... Wir nahmen die schwarzen jungen Männer und sandten sie 8.000 Meilen weit weg, um die Freiheiten in Südostasien zu sichern, die sie in Südwest-Georgia und East-

Harlem nicht gefunden hatten. So wurden wir immer wieder mit der grausamen Ironie konfrontiert, Neger und Weiße beobachten zu müssen, wie sie gemeinsam töten und sterben für eine Nation, die es nicht fertiggebracht hat, sie in gleichen Schulen nebeneinander sitzen zu lassen. Wir sehen, wie sie miteinander in brutaler Solidarität die Hütten eines armen Dorfes niederbrennen, aber es ist uns klar, daß sie niemals in dem gleichen Häuserblock in Detroit wohnen würden. Angesichts solcher grausamen Ausnutzung der Armen konnte ich nicht schweigen.

Wenige Monate vor seinem Tod entwickelte King einen Plan zur politischen Mobilisierung aller Unterprivilegierten in den USA. Eine „Kampagne der Armen" sollte die amerikanische Nation mit der Armut im eigenen Land konfrontieren. Die für das Frühjahr 1968 geplanten Aktionen sollten nicht auf die Schwarzen beschränkt sein, sondern erstmals Arme aus allen ethnischen Gruppen vereinen. Ihr Ziel war: „Macht für die Armen" („poor people's power). King bekannte:

Jahrelang mühte ich mich ab mit dem Gedanken, die bestehenden Institutionen der Gesellschaft zu reformieren ... Jetzt bin ich ganz anderer Meinung, ich denke, eine Revolution der Werte ist notwendig ... Ein Gebäude, das Bettler hervorbringt, muß neu gebaut werden ... Man beginnt die Frage zu stellen: Wer besitzt das Öl? ... Wer besitzt das Eisenerz?

Seit dem Ende des Jahres 1966 sprach King ständig von dem Zusammenhang zwischen Rassismus, Armut und Krieg:

Wir müssen zur Kenntnis nehmen, daß die Übel des Rassismus, der wirtschaftlichen Ausbeutung und des Militarismus alle zusammenhängen. ... Ich bin davon überzeugt, daß unser Volk eine radikale Revolution der Werte vornehmen muß. Wir müssen schnell damit anfangen, von einer ‚Ding-orientierten' Gesellschaft zu einer ‚Person-orientierten' Gesellschaft zu kommen. Wenn Maschinen und Computer, Profitbestrebungen und Eigentumsrechte für wichtiger gehalten werden als die Menschen, dann wird das gigantische Trio von Rassenwahn, Materialismus und Mili-

tarismus nicht mehr besiegt werden können. Gewiß ist es unsere Verpflichtung, die Rolle des barmherzigen Samariters für alle diejenigen zu übernehmen, die am Wege liegengeblieben sind. Aber das ist nur ein Anfang. Eines Tages müssen wir begreifen, daß die ganze Straße nach Jericho geändert werden muß, damit nicht fortwährend Männer und Frauen geschlagen und ausgeraubt werden, während sie sich auf ihrer Lebensreise befinden ... Eine echte Revolution der Werte wird den schreienden Gegensatz von Armut und Reichtum sehr bald mit großer Unruhe betrachten. Sie wird nach Übersee blicken und da mit gerechter Empörung darauf hinweisen, daß einzelne Kapitalisten des Westens riesige Geldbeträge in Asien, Afrika und Lateinamerika investieren, nur um zu verdienen und ohne Interesse an sozialen Fortschritten in jenen Ländern, und sie wird ausrufen: ‚Das ist ungerecht.' Ungerecht ist auch die westliche Überheblichkeit, die meint, daß sie den anderen alles beibringen kann und von ihnen nichts zu lernen hat. Eine wirkliche Revolution der Werte wird vom Kriege sagen: ‚Dieser Weg zur Lösung von Spannungen ist nicht recht.'

Zunächst hatte King gezögert, offen gegen den Vietnamkrieg aufzutreten. Führende Bürgerrechtler vertraten die Auffassung: „Peace and civil rights don't mix" (Friedensbewegung und Bürgerrechtsbewegung darf man nicht vermischen). Sie befürchteten zu Recht, daß die politische und finanzielle Unterstützung der Bürgerrechtsbewegung durch weiße Liberale gefährdet sei, wenn King deutlich die Regierungspolitik kritisiere. Viele Schwarze hatten darüber hinaus aufgrund ihrer Erziehung eine übergroße Angst vor dem Vorwurf, „unpatriotisch", nicht loyal gegenüber ihrem Land zu sein.

King brach mit dieser Tradition. Im März 1967 leitete er erstmalig einen Friedensmarsch. Er gab jetzt alles vorsichtige Taktieren auf:

Es kann eine Zeit kommen, in der Schweigen Verrat bedeutet. Diese Zeit ist für uns mit der Vietnamfrage gekommen ... Große sittliche Fragen sind unteilbar. Ich selbst habe jahrelang Gewaltlosigkeit gepredigt. Wäre es nicht in-

konsequent, wenn ich nicht gegen den Krieg in Vietnam Stellung nähme?

Am 4. April 1967 – genau ein Jahr vor seinem Tod – hielt King in der Riverside Church von New York eine eindrucksvolle Rede gegen den Vietnamkrieg:

Ich wundere mich immer wieder über diejenigen, die mich fragen, warum ich meine Stimme gegen den Krieg erhebe. Sollten sie denn wirklich nicht wissen, daß die frohe Botschaft allen Menschen gilt – Kommunisten und Kapitalisten, ihren und unseren Kindern, Schwarzen und Weißen, den Revolutionären wie den Konservativen? Haben sie vergessen, daß mein Dienst im Gehorsam gegen den zu geschehen hat, der seine Feinde so sehr liebte, daß er für sie starb? Was soll ich denn als gläubiger Diener dieses Einen dem Vietkong, was soll ich Castro oder Mao sagen? Darf ich sie mit dem Tode bedrohen, oder muß ich nicht mit ihnen zusammen leben lernen? ... Ich muß meiner Glaubensüberzeugung treu bleiben, mit allen Menschen zu den Kindern des lebendigen Gottes zu gehören. Diese Berufung zur Kindschaft und zur Brüderlichkeit geht über die Zugehörigkeit zu einer Rasse, einer Nation oder einer Glaubensgemeinschaft hinaus. Es ist unsere Aufgabe, für die Schwachen zu sprechen, für die, die keine Stimme haben („to speak for the voiceless"), für die Opfer unserer Nation, für die, die sie Feinde nennt, denn keine von Menschen angefertigte Erklärung kann diese zu weniger machen als zu unseren Brüdern.

Einem Reporter gestand King:

Glauben Sie mir, wenn ich vor dem Problem stünde, würde ich den Kriegsdienst aus Gewissensgründen verweigern. Ich würde nicht einmal als Militärgeistlicher dienen.

Öffentlich rief er zur Wehrdienstverweigerung auf. King war bereit, den Preis für seine Haltung zu zahlen. Der einst als Apostel der Gewaltlosigkeit hofierte Friedensnobelpreisträger wurde bei den politisch Mächtigen zur unerwünschten Person, besonders bei Präsident Johnson. Ein Präsidentenberater erklärte, Kings Reden lägen „genau auf der Linie der Kommunisten."

In diesem Klima öffentlicher Kampagnen gegen ihn kam King im März 1968 nach Memphis, Tennessee. Hier, in Memphis, wollte er sich für die Ärmsten der schwarzen Bevölkerung einsetzen, für die Rechte der 1.300 Arbeiter der Müllabfuhr.

(Das Durchschnittseinkommen einer schwarzen Familie in Memphis betrug seinerzeit 2.300 Dollar im Jahr; eine weiße Familie dagegen hatte durchschnittlich 6.700 Dollar. Die von der USA-Regierung als zumutbar festgesetzte unterste Grenze für ein menschenwürdiges Leben lag bei 3.000 Dollar).

Die Männer der Müllabfuhr, fast ausnahmslos Schwarze, hatten schon zwei Monate gestreikt. Vergeblich. Der Anlaß für den Streik: Am 31. Januar waren die schwarzen Arbeiter wegen Schlechtwetters einfach nach Hause geschickt worden, während die weißen Arbeiter nach einer Stunde die Arbeit wieder aufnehmen durften und im Gegensatz zu ihren schwarzen Kollegen Lohn für einen ganzen Arbeitstag erhielten. Bei ihren Protestmärschen trugen die schwarzen Arbeiter der Müllabfuhr Schilder mit der Aufschrift: „I AM A MAN" („Ich bin ein Mensch"). Immer wieder ging die Polizei mit Schlagstöcken gegen sie vor. Die Stadt Memphis weigerte sich, mit den Streikenden zu verhandeln, und ließ weitere Protestmärsche gerichtlich verbieten. 17.000 Menschen versammelten sich in der Mason Temple Baptist Church in Memphis, als King zu ihnen predigte:

Ihr kommt nun seit dreißig Tagen zusammen, um zu sagen: ‚Wir haben es satt, ganz unten am Boden zu sein . . . Wir haben es satt, in verfallenen, unzumutbaren Behausungen zu leben. Wir sind es leid, uns täglich abzurackern und dafür einen Lohn zu bekommen, der nicht einmal für das Notwendigste im Leben ausreicht. Wir haben es satt, daß unsere Männer so ausgemergelt sind und daß unsere Frauen und Töchter in den herrschaftlichen Küchen arbeiten müssen.' . . . Und so sage ich euch: Keine Hunde und keine Wasserwerfer werden uns zurückhalten. Keine gerichtliche Verfügung kann uns daran hindern. Wir müssen wieder marschieren.

Am 28. März 1968 führte King einen Protestmarsch von über 6.000 Menschen an. Einige Schwarze nutzten die Situation, um Schaufensterscheiben einzuwerfen. Es kam zu schweren Auseinandersetzungen mit der Polizei, bei denen ein 16jähriger Schwarzer getötet wurde. Es war das erste Mal, daß bei einem Marsch, den King angeführt hatte, Gewalttätigkeiten ausgebrochen waren. Deprimiert flog King in seine Heimatstadt Atlanta zurück. Doch am 3. April kam er wieder nach Memphis, um einen weiteren Protestmarsch vorzubereiten. Am Abend predigte er wieder in der Mason Temple Baptist Church:

Wir müssen zusammenhalten und Einheit bewahren ... Sobald sich die Sklaven zusammentun, geschieht etwas am Hof des Pharao, und dann kann er die Sklaverei nicht mehr aufrechterhalten ... Wir benötigen keine Molotow-Cocktails. Wir müssen nur zu den Geschäften und den Großindustrien unseres Landes gehen und sagen: ‚Gott hat uns hierher geschickt, um zu sagen, daß ihr seine Kinder nicht richtig behandelt. Ihr sollt, das fordern wir von euch, faire Behandlung der Kinder Gottes zum ersten Punkt eurer Tagesordnung machen. Freilich, wenn ihr dazu nicht bereit seid, dann haben wir eine Tagesordnung, der wir folgen müssen. Unsere Ordnung verlangt von uns, euch die wirtschaftliche Unterstützung zu entziehen'.

Und dann beschwor King seine Mitbürger und Mitbürgerinnen, trotz Verbot zu demonstrieren.

Jetzt werden wir wieder marschieren ... Wir müssen es, um jedem vor Augen zu führen, daß hier 1.300 von Gottes Kindern leiden. Manchmal sind sie hungrig, manchmal erleben sie dunkle und traurige Nächte und fragen sich, wie diese Sache ausgehen wird ... Und wir müssen unserer Nation sagen: wir wissen, wie sie ausgeht. Denn wenn Menschen ergriffen sind von dem, was recht ist, und wenn sie dafür Opfer zu bringen bereit sind, dann gibt es keinen Halt kurz vor dem Sieg.

Die Gemeinde brach in Beifall aus, als der Redner mit großem Pathos ausrief:

Wir meinen es ernst, und wir sind entschlossen, unseren rechtmäßigen Platz in Gottes Welt zu gewinnen ... Wir haben uns nicht in negativem Protest engagiert ... Wir sagen nur, daß wir entschlossen sind, Menschen zu sein. Wir sind entschlossen, jemand zu sein. Wir sagen, daß wir Gottes Kinder sind.

Doch dann geschah etwas Merkwürdiges. Leiser werdend fuhr King fort:

Ich verließ Atlanta heute früh und dann landete ich in Memphis. Und einige sprachen von den Drohungen, die im Umlauf waren, und von dem, was mir von einigen unserer kranken weißen Brüder widerfahren könnte.

Erregung entstand bei den letzten Worten Kings. „Unsere kranken weißen Brüder?" Sollte man die Gegenseite so großmütig mit einbeziehen? Sie, die offenbar erneut Gewalt gegen den Gewaltfreien im Schilde führte? King aber ließ sich nicht unterbrechen. Er rief:

Schwierige Tage liegen vor uns, aber das macht mir jetzt wirklich nichts aus. Denn ich bin auf dem Gipfel des Berges gewesen.

Das Bild des kämpfenden Mose beschwörend, als er das Volk Israel aus Ägypten herausführt, „auf dem Gipfel des Berges" das Ziel erblickte, das gelobte Land, so endete Martin Luther King seine letzte, große Vision:

Wie jeder andere würde ich gerne lange leben. Ein langes Leben hat seinen Wert. Aber darum bin ich nicht besorgt. Ich möchte nur Gottes Willen tun. Er hat mir erlaubt, auf den Berg zu steigen. Und ich habe hinübergesehen. Ich habe das gelobte Land gesehen. Vielleicht gelange ich nicht dorthin mit euch. Aber ihr sollt heute abend wissen, daß wir, als ein Volk, in das gelobte Land gelangen werden. Und deshalb bin ich glücklich heute abend. Ich mache mir keine Sorgen wegen irgendetwas. Ich fürchte niemanden. Meine Augen haben die Herrlichkeit des kommenden Herrn gesehen.

Am folgenden Tag, Donnerstag, 4. April 1968, diskutierte King mit seinen Mitarbeitern Einzelheiten des geplanten

Marsches. Er hatte das Gefühl, daß selbst einige von ihnen keine überzeugten Anhänger der Gewaltlosigkeit mehr waren. Um seine Entschlossenheit zu militanten gewaltlosen Aktionen zu unterstreichen, kündigte er an, er werde erstmalig ein Demonstrationsverbot ignorieren, das von einem Bundesgericht erlassen war.

Am Abend des gleichen Tages trat King auf den Balkon seines Hotelzimmers, um mit dem Musiker Ben Branch, der unten auf dem Parkplatz stand, die Lieder für die Massenversammlung festzulegen:

Ben, du mußt auf jeden Fall ‚Precious Lord, take my hand' (‚Teurer Gott, nimm meine Hand') in der Versammlung spielen.

Plötzlich fällt ein Schuß. Es ist 18.23 Uhr. In Hals und Nacken getroffen, bricht Dr. King auf dem Balkon des „Lorraine Motels" in Memphis zusammen. Seine Mitarbeiter Ralph Abernathy und Jesse Jackson drücken ein Handtuch auf die Wunde. Sie können ihn nicht mehr retten. Um 19.05 Uhr gibt der Leiter des St.-Joseph-Hospitals den Tod des 39jährigen Martin Luther King bekannt.

Lange schon vor seiner Ermordung war King zur unerwünschten Person im Weißen Haus erklärt worden. Im November 1975 enthüllte das Geheimdienstkomitee des amerikanischen Senats, daß der FBI sechs Jahre lang den schwarzen Bürgerrechtler verfolgt hatte. 16 geheime Abhöranlagen waren in Büro- und Privaträumen Kings installiert worden und Tausende von Stunden an Tonbandmaterial gespeichert.

34 Tage vor der Entgegennahme des Friedensnobelpreises in Oslo Ende 1964 erhielt Dr. King vom FBI eine Aufforderung zum Selbstmord: „King, du bist fertig. Es gibt nur noch einen Ausweg für dich." Beigelegt war der Botschaft eine Tonbandaufnahme aus einem Hotelzimmer, die King öffentlich kompromittieren sollte. Nach Aussagen ehemaliger FBI-Agenten war es das Ziel des früheren FBI-Direktors, J. Edgar Hoover, King zu beseitigen. Hoover ließ Berichte seiner Untergebenen noch einmal schreiben, wenn sie die Auffassung enthielten, Dr. King sei kein Sicherheitsrisiko für die USA.

Aus Angst, ihren Arbeitsplatz zu verlieren, änderten die Mitarbeiter ihre Schriftstückc.

Der gleiche Edgar Hoover war es, der bereits am Tage nach der Ermordung Kings sich ausbat, die bundeskriminal-polizeiliche Fahndung nach dem Mörder persönlich zu leiten.

Der mutmaßliche Mörder, James Earl Ray, wurde in einem Schnellverfahren vom Schwurgericht Memphis, Tennessee, verurteilt. Über seine Hintermänner wurde nichts bekannt. Als Ray am 11. Juni 1977 aus dem Staatsgefängnis von Tennessee am hellichten Tag entkam, äußerten ehemalige Mitarbeiter Martin Luther Kings und Angehörige des Untersuchungsausschusses auf dem Kapitolhügel den Verdacht, daß Ray aus dem Zuchthaus herausgelockt worden sei, um den wichtigen Zeugen auf der Flucht vom FBI erschießen zu lassen.

Über ein Vierteljahrhundert ist seit der Ermordung Martin Luther Kings vergangen. Inzwischen wird der zu Lebzeiten Angefeindete in den USA offiziell als Nationalheld gefeiert. Bitter bemerkte ein Mitstreiter Kings: „Sie haben ihn 29mal ins Gefängnis gesteckt. Nun haben sie einen Nationalfeiertag nach ihm benannt."

Tatsächlich gibt es seit 1986 einen Martin-Luther-King-Feiertag. Er wird jeweils am ersten Montag nach Kings Geburtstag am 15. Januar begangen. King ist der einzige Bürger der USA außer George Washington, der mit einem „National Holiday" geehrt wurde.

Die Kirche in Montgomery, in der King seine erste Pfarrstelle antrat und in der der Busboykott beschlossen wurde, heißt jetzt „King-Gedächtniskirche." Viele Firmen beschwören in Werbeanzeigen den Namen Kings und seinen Traum, um Kunden zu gewinnen.

Doch solche Heldenverehrung wird dem mutigen Nonkonformisten nicht gerecht. Martin Luther King war kein unangefochtener Held. Gegen Ende seines Lebens äußerte er mehrmals die Befürchtung, sein Traum könne sich in einen Alptraum verwandeln. Der für seinen Humor bekannte King war oft niedergeschlagen, von depressiver Stimmung ergriffen. Derselbe Mann, der für viele eine unantastbare moralische Autorität war, hatte Selbstzweifel, litt unter Schuldgefühlen, weil er seiner Frau und seinen Kindern, seinen eigenen moralischen Ansprüchen nicht gerecht wurde.

Aber dennoch hat dieser Mann in seinen letzten Lebensjahren immer wieder auf den Zusammenhang von Rassismus, Armut und Krieg hingewiesen und „Schöpferische Unangepaßtheit" und Zivilcourage nicht aufgegeben.

Was ist Martin Luther King für uns heute?

Wir haben uns gefragt: Was ist für uns, die wir King in den 60er Jahren erlebt haben, heute eine besonders wichtige Erinnerung an ihn? Wir kamen auf eine sehr einfache Wahrheit. King hat sie so umschrieben:

Unsere Verbundenheitsgefühle müssen über unsere Rasse, Familienbande, Klasse und Nation hinausgehen, und das bedeutet: Wir müssen eine Weltperspektive entwickeln ... Es läuft wirklich auf das hinaus: daß alles Leben miteinander in Wechselbeziehung steht. Wir sind alle in einem unentrinnbaren Netz der Gegenseitigkeit gefangen, in eine einzige Hülle des Schicksals gebunden. Was immer einen direkt betrifft, betrifft indirekt alle. Wir sind dafür geschaffen, zusammenzuleben, das liegt an der ineinandergreifenden Struktur der Wirklichkeit.

Hast du dir je darüber Gedanken gemacht, daß du des Morgens nicht zur Arbeit gehen kannst, ohne vom größten Teil der Welt abhängig zu sein? Du stehst morgens auf und gehst ins Badezimmer und greifst nach dem Schwamm, und er wird dir von einem Inselbewohner aus dem Pazifik gereicht. Du greifst nach einem Stück Seife, und du empfängst sie aus den Händen eines Franzosen. Und dann gehst du in die Küche, um deinen Morgenkaffee zu trinken, und den schenkt dir ein Südamerikaner ein. Und vielleicht willst du Tee: den schenkt dir ein Chinese ein. Oder vielleicht hast du gern Kakao zum Frühstück, und den schenkt dir ein West-

afrikaner ein. Und dann streckst du die Hand nach deinem Toast aus – und der kommt aus den Händen eines englischsprechenden Farmers, vom Bäcker nicht zu reden. Und ehe du am Morgen dein Frühstück beendet hast, bist du schon von mehr als der halben Welt abhängig gewesen.

Wir werden keinen Frieden auf Erden haben, ehe wir nicht diese gegenseitige Abhängigkeit allen Seins begreifen.

Das Zweite, was uns heute an King fasziniert: Was er sagte, das tat er auch. „In der Welt der Sprechblasen, die täglich über uns herziehen, ist jedes Wort, das glaubwürdig bleibt, wie frische Luft" (H. Albertz). Wohl gab es auch in seinem Leben Widersprüche, aber es war nicht gekennzeichnet von der verbreiteten „Glaubwürdigkeitslücke" zwischen Reden und Handeln. King verzichtete auf alle Gewinne, die er als prominenter Friedensnobelpreisträger hätte einkassieren können. Kurz vor seiner Ermordung sagte er:

Ich werde kein Geld hinterlassen. Ich werde keine vornehmen und luxuriösen Dinge hinterlassen. Ich möchte nur ein engagiertes Leben hinterlassen.

Und das Dritte, was uns heute beeindruckt: King – fast dreißigmal ins Gefängnis geworfen – wurde mehrfach persönlich angegriffen, von Leuten, die Haß auf ihn und seine Haltung hatten – und immer wieder versuchte er, mit den Gewalttätern zu sprechen, möglichst sofort. Jedesmal ein Versuch, den bedrohlich Fremden als Person anzusprechen, als einen Menschen, der sich noch ändern kann, auch einer mit gefährlichem Haß. Sein Mitarbeiter, der schwarze Pastor Jesse Jackson aus Chicago, hat Recht: „Martin Luther King redete nicht nur von Brüderlichkeit. Er war ein Bruder. ... Er wünschte nicht nur Veränderungen. Er veränderte wirklich etwas."

Glaubwürdig sein, nicht hassen – das klingt heroisch, als sei es eine Sache für große Heilige. Ist es nicht auch ein Ausdruck der Lebenszuversicht, die ein Mensch hat? Ein Ausdruck des Zutrauens, daß jeder Mensch die Fähigkeit besitzt, sich zu ändern, weg von seiner Aggressivität?

Texte von Martin Luther King

Hinweise zu den Texten

Den Hauptteil dieses Buches bilden Texte Martin Luther Kings, die in voller Länge oder nur leicht gekürzt abgedruckt sind. Wir hoffen, daß dadurch das Denken und Wirken Kings für uns heute in einer Weise lebendig wird, wie das kurze Zitate allein nicht leisten können.

Die Texte 1–15 sind chronologisch geordnet und kennzeichnen so Kings Weg von Montgomery nach Memphis, sein öffentliches Wirken in den Jahren 1955–1968. Kings Reden, Aufsätze und Predigten sind stets konkret und situationsbezogen. Deshalb haben wir die meisten der in diesem Band gesammelten Texte mit einem Hinweis zum situativen Kontext versehen.

Nur wenigen seiner Reden hat King selber einen Titel gegeben. Die von uns gewählten Titel versuchen, einen Grundgedanken des jeweiligen Dokuments aufzunehmen.

Wir sind uns bewußt, daß in unserer Gegenwart die Rede von „Negern" und „Negerinnen" diskriminierend und deshalb in unserem eigenen Sprachgebrauch zu vermeiden ist. In den Übersetzungen der Texte Kings folgen wir jedoch dessen eigenem Sprachgebrauch in den 50er und 60er Jahren: In seinen frühen Texten ist von „Neger/innen", später zunehmend von „Schwarzen" oder „Afro-Amerikaner/innen" die Rede.

Markus Jahn und Lawrence Guntner danken wir für ihren Rat bei Übersetzungsfragen.

Wir sind es leid*

Meine Freunde, wir freuen uns wirklich sehr, jeden einzelnen von Euch heute abend hier zu sehen. Wir sind heute abend hier, weil es uns ernst ist. Wir sind hier wegen einer grundsätzlichen Angelegenheit; nämlich weil wir zunächst und zuvorderst amerikanische Staatsbürger sind und weil wir entschlossen sind, unsere Bürgerrechte in ihrer Gänze wahrzunehmen. Wir sind hier aufgrund unserer Liebe zur Demokratie, aufgrund unseres tiefverwurzelten Glaubens, daß eine Demokratie, die von dünnem Papier aus in effektive Tat umgesetzt wird, die großartigste Regierungsform auf Erden ist.

Aber wir sind hier auch aus einem besonderen Grund, nämlich wegen der Situation in den Bussen von Montgomery. Wir sind hier, weil wir entschlossen sind, diese Situation zu ändern. Diese Situation ist in keiner Weise neu. Das Problem gibt es schon seit unzähligen Jahren. Über viele Jahre hinweg sind Neger in Montgomery und in so vielen anderen Gegenden in den Bussen unseres Gemeinwesens lähmender Angst ausgesetzt worden. Bei vielen Gelegenheiten wurden Neger eingeschüchtert, gedemütigt und unterdrückt, nur weil sie Neger sind. Ich habe keine Zeit heute abend, auf die Geschichte dieser zahllosen Fälle näher einzugehen. Viele von ihnen gingen inzwischen verloren im dichten Nebel des Vergessens.

Aber zumindest ein Fall von eklatanten Ausmaßen steht jetzt vor unseren Augen. Erst neulich, genauer gesagt: letzten

* King hielt diese Ansprache am 5.12.1955, dem ersten Tag des Busboykotts von Montgomery, abends auf einer Massenversammlung in der Holt Street Baptist Church. (Text nach einer Tonbandaufzeichnung, King hatte sich nur Stichworte notiert.)

Donnerstag, wurde eine der untadeligsten Bürgerinnen Montgomerys – ich sage nicht: eine der untadeligsten Negerinnen, sondern eine der untadeligsten Bürgerinnen von ganz Montgomery – aus einem Bus geholt, ins Gefängnis gebracht und eingesperrt, weil sie sich weigerte, aufzustehen und ihren Sitzplatz einem Weißen zu überlassen. Nun möchte uns die Presse glauben machen, sie habe sich geweigert, einen reservierten Bereich zu verlassen. Aber Ihr sollt heute abend wissen, daß es keinen solchen reservierten Bereich gibt. An diesem Punkt ist die Gesetzeslage nie geklärt worden. Ich denke, ich spreche mit der Autorität des Gesetzes – nicht daß ich selber irgendwelche gesetzliche Autorität hätte –, aber ich glaube, ich spreche mit der Autorität des Gesetzes im Rücken, wenn ich sage, daß dieses Gesetz, diese Anordnung der Stadt, nie völlig geklärt worden ist.

Mrs. Rosa Parks ist eine untadelige Person. Und weil es geschehen mußte, bin ich froh, daß es eine Person wie Mrs. Parks traf. Denn niemand kann ihre grenzenlose Integrität bezweifeln. Niemand kann die Lauterkeit ihres Charakters bezweifeln, niemand kann die Tiefe ihres christlichen Engagements und ihrer Hingabe an die Lehren Jesu bezweifeln. Und weil es geschehen mußte, bin ich froh, daß es eine Person traf, die niemand als einen Störenfried im Gemeinwesen bezeichnen kann. Mrs. Parks ist eine untadelige Christin, bescheiden, sie verfügt über Charakter und Integrität. Und bloß weil sie sich weigerte aufzustehen, wurde sie festgenommen.

Ihr wißt, meine Freunde, es kommt eine Zeit, in der Menschen es leid sind, vom ehernen Fuß der Unterdrückung niedergetreten zu werden. Es kommt eine Zeit, meine Freunde, in der Menschen es leid sind, in den Abgrund der Demütigung gestoßen zu werden, wo sie die Trostlosigkeit nagender Verzweiflung erfahren. Es kommt eine Zeit, in der Menschen es leid sind, aus dem glänzenden Sonnenlicht im Juli des Lebens gestoßen zu werden, um stehen gelassen zu werden in der schneidenden Kälte eines Novembers im Gebirge. Wir sind heute abend hier, weil wir es jetzt leid sind.

Nun laßt uns betonen, daß wir nicht hier sind, um der Gewalt das Wort zu reden. Das haben wir überwunden. Ich möchte, daß es überall in Montgomery und in dieser Nation bekannt wird, daß wir Christen sind. Wir glauben an die christliche Religion. Wir glauben an die Lehren Jesu. Die einzige Waffe, die wir heute abend in unseren Händen halten, ist die Waffe des Protests. Und nicht zuletzt ist dies das Ruhmesblatt Amerikas, ungeachtet all seiner Mängel, dies ist das Ruhmesblatt unserer Demokratie: Wären wir eingekerkert hinter dem Eisernen Vorhang einer kommunistischen Nation, könnten wir so nicht handeln. Wären wir gefangen in dem Verlies eines totalitären Regimes, könnten wir dies nicht. Aber der große Ruhm der amerikanischen Demokratie besteht in dem Recht, für das Recht zu protestieren.

Meine Freunde, laßt niemanden uns das Gefühl vermitteln, daß wir unsere Aktionen mit denen des Kukluxklan oder des „Weißen Bürgerrates" verglichen haben wollen. Es werden keine Kreuze an irgendwelchen Bushaltestellen in Montgomery brennen. Es werden keine Weißen aus ihren Häusern gezerrt, an eine abgelegene Straße gebracht und ermordet werden. Es wird niemanden unter uns geben, der sich erheben und sich der Verfassung unserer Nation widersetzen wird. Wir haben uns hier lediglich aufgrund unseres Wunsches zusammengefunden, zu erleben, daß dem Recht Geltung verschafft wird. Meine Freunde, alle sollen wissen, daß wir uns mit unnachgiebiger und fester Entschlossenheit dafür einsetzen werden, Gerechtigkeit in den Bussen dieser Stadt zu erlangen.

Wir sind nicht im Unrecht. Wir sind nicht im Unrecht bei dem, was wir tun. Sollten wir im Unrecht sein, dann ist auch der Oberste Gerichtshof dieser Nation im Unrecht. Sind wir im Unrecht, ist auch die Verfassung der Vereinigten Staaten im Unrecht. Sind wir im Unrecht, ist auch Gott der Allmächtige im Unrecht. Sind wir im Unrecht, war Jesus von Nazareth nur ein utopischer Träumer und ist nie zur Erde gekommen. Sind wir im Unrecht, ist Gerechtigkeit eine Farce.

Wir sind entschlossen, hier in Montgomery zu arbeiten

und zu kämpfen, bis „das Recht strömt wie Wasser und die Gerechtigkeit wie ein mächtiger Strom".

Ich möchte betonen, daß wir bei all unseren Aktionen zusammenhalten müssen. Einigkeit ist das entscheidende Gebot der Stunde. Wenn wir zusammenstehen, können wir viele von den Dingen erlangen, die wir nicht nur ersehnen, sondern die uns gerechterweise auch zustehen.

Und laßt Euch von niemandem schrecken. Wir haben keine Furcht bei dem, was wir tun, weil wir es im Rahmen des Gesetzes tun. Es gibt keinen Moment in unserer amerikanischen Demokratie, in dem wir glauben müssen, wir seien im Unrecht, wenn wir protestieren. Wir behalten uns dieses Recht vor. Als die Arbeiter überall in diesem Land erkannten, daß sie von kapitalistischer Macht nierdergetrampelt wurden, war nichts daran verkehrt, daß sie sich zusammentaten und organisierten und für ihre Rechte protestierten. Wir, die Enterbten dieses Landes, wir, die so lange unterdrückt worden sind, sind es leid, durch die lange Nacht der Gefangenschaft zu gehen. Und nun strecken wir die Arme aus nach der Morgendämmerung der Freiheit, Gerechtigkeit und Gleichheit.

Meine Freunde, ich komme jetzt zum Schluß, nachdem ich einige Gründe genannt habe, warum wir uns hier zusammengefunden haben. Ich möchte Euch sagen – und das möchte ich betonen –, daß wir bei all unseren Aktionen und Überlegungen, heute abend und über die ganze Woche hinweg, daß wir bei allem, was wir tun, Gott an erster Stelle stehen lassen müssen. Laßt uns Christen sein bei all unseren Aktionen. Ich möchte Euch heute abend sagen, daß es nicht genügt, wenn wir von der Liebe reden. Liebe ist einer der höchsten Werte des christlichen Glaubens. Doch es gibt noch eine andere Seite, Gerechtigkeit genannt. Und Gerechtigkeit ist im Grunde angewandte Liebe. Gerechtigkeit ist Liebe, die das beseitigt, was der Liebe im Weg stehen würde. Gott der Allmächtige ist nicht nur der Gott, der dasteht und sagt: „Siehe, ich liebe dich, Neger!". Er ist auch der Gott, der vor den Nationen steht und sagt: „Seid stille und erkennet, daß ich Gott bin (Ps. 46, 11); daß ich, wenn ihr mir nicht Gehorsam leistet, das Rückgrat eurer Macht brechen und euch aus der Geborgenheit eurer internationalen und nationalen Beziehungen stoßen werde." An der Seite der Liebe zu stehen, ist stets gerecht. Und wir setzen nur die Mittel der Gerechtigkeit ein. Wir setzen nicht nur die Mittel der Überzeugung ein, sondern wir müssen auch die Mittel des Drucks einsetzen. Es handelt sich hier nicht nur um einen Erziehungsprozeß, sondern auch um einen Gesetzgebungsprozeß. Und wo wir heute abend hier stehen und sitzen und während wir uns auf das vorbereiten, was vor uns liegt, laßt uns heimgehen mit der unerbittlichen und mutigen Entschlossenheit, daß wir zusammenhalten werden. Wir werden zusammenarbeiten. Unmittelbar hier in Montgomery – wenn eines Tages die Geschichtsbücher geschrieben werden – wird man sagen müssen: „Hier lebte eine Menschenrasse, eine Rasse schwarzer Menschen, kraushaarig und von schwarzer Hautfarbe, Menschen, die den Mut aufbrachten, sich für ihre Rechte zu erheben. Dadurch flößten sie neuen Sinn in die Adern der Geschichte und der Zivilisation." Eben dies werden wir tun. Gott gebe, daß wir es tun werden, bevor es zu spät ist.

Schöpferische Nonkonformisten werden*

Stellet euch nicht der Welt gleich, sondern verändert euch durch Erneuerung eures Sinnes (Römer 12, 2).

„Stellet euch nicht dieser Welt gleich" ist eine schwierige Forderung in einer Zeit, da der Druck der Masse uns unmerklich daran gewöhnt hat, nach dem rhythmischen Trommelschlag der Tradition zu marschieren. Viele Stimmen und Kräfte drängen uns, den Weg des geringsten Widerstands zu wählen, niemals für eine unpopuläre Sache zu kämpfen und sich niemals zu zweit oder zu dritt in einer kläglichen Minderheit zu befinden.

Selbst einige Wissenschaften versuchen, uns von der Notwendigkeit des Konformismus zu überzeugen. Manche Soziologen behaupten, Moral sei nur Gruppenübereinkunft, und die Wege der Masse seien die rechten Wege. Manche Psychologen lehren, geistige und seelische Ausgeglichenheit sei der Lohn dafür, daß wir wie alle anderen Menschen denken und handeln.

Erfolg, Anerkennung und Konformismus sind die Beiwörter der modernen Welt, in der anscheinend jeder nach der einschläfernden Sicherheit strebt, mit der Mehrheit identifiziert zu werden.

I

Trotz dieser vorherrschenden Tendenz zum Konformismus haben wir als Christen die Aufgabe, Nonkonformisten zu sein. Der Apostel Paulus, der die inneren Wahrheiten des christlichen Glaubens kannte, riet: „Stellt euch nicht dieser Welt gleich, sondern verändert euch durch die Erneuerung

*Diese Predigt hielt King im Zusammenhang des Busboykotts von Montgomery (1955/56).

eures Sinnes." Wir sollen überzeugte Menschen sein, nicht Mitläufer: Menschen des moralischen Adels, nicht der sozialen Ehrbarkeit. Uns ist aufgetragen, anders und nach höheren Maßstäben zu leben.

Jeder wahre Christ ist ein Bürger zweier Welten, der zeitlichen und der ewigen. Paradoxerweise sind wir *in* der Welt und doch nicht *von* der Welt. Paulus schrieb an die Philipper: „Unser Bürgertum ist im Himmel." Sie verstanden, was er meinte, denn ihre Stadt Philippi war eine Kolonie. Wenn die Römer eine Provinz romanisieren wollten, so sandten sie eine kleine Kolonie von Menschen aus, die nach römischen Gesetzen und Sitten lebten und auch im fremden Land an ihrer Treue zu Rom festhielten. Diese starke, schöpferische Minderheit verbreitete die römische Kultur. Wenn der Vergleich auch unvollkommen ist (die römischen Siedler lebten unter ungerechten, ausbeuterischen Verhältnissen, nämlich im Kolonialismus), so weist der Apostel damit doch auf die Verantwortung des Christen hin, eine unchristliche Welt mit den Idealen einer höheren und edleren Ordnung zu durchdringen. Wir leben in der Kolonie des Zeitlichen und sind dem Reich des Ewigen verpflichtet. Als Christen dürfen wir unsere höchste Treue niemals aufgeben für eine zeitgebundene Sitte oder eine erdgebundene Idee; denn im Herzen des Weltalls ist eine höhere Wirklichkeit: Gott und sein Reich der Liebe, mit dem wir eins werden müssen.

Der Befehl, uns nicht der Welt anzupassen, stammt nicht nur von Paulus, sondern auch von Jesus Christus, dem entschiedensten Nonkonformisten der Welt, dessen ethischer Nonkonformismus noch immer das Gewissen der Menschheit herausfordert.

Wenn eine wohlhabende Gesellschaft uns einreden will, das Glück bestehe in der Größe unserer Autos, in eindrucksvollen Häusern und kostspieligen Kleidern, so erinnert uns Jesus: „Niemand lebt davon, daß er viele Güter hat."

Wenn wir den Versuchungen einer Welt erliegen wollen, die voll ist von sexuellen Ausschweifungen und vernarrt in ihre Philosophien der Eitelkeit, so sagt uns Jesus: „Wer eine

Frau ansieht, ihrer zu begehren, der hat schon mit ihr die Ehe gebrochen in seinem Herzen."

Wenn wir uns weigern, für die Gerechtigkeit zu leiden und lieber dem Pfad der Bequemlichkeit als dem der Überzeugung folgen, so hören wir Jesus sagen: „Selig sind, die um der Gerechtigkeit willen verfolgt werden, denn das Himmelreich ist ihrer."

Wenn wir in unserer geistlichen Überheblichkeit prahlen, den Gipfel moralischer Vollkommenheit erreicht zu haben, so warnt Jesus: „Die Zöllner und Huren mögen wohl eher ins Reich Gottes kommen als ihr!"

Wenn wir durch kaltherzige Mitleidslosigkeit und anmaßenden Individualismus versäumen, die Not der Bedürftigen zu lindern, so sagt der Herr: „Was ihr getan habt einem unter diesen meinen geringsten Brüdern, das habt ihr mir getan."

Wenn wir dem Funken der Rachsucht in uns erlauben, zum Haß gegen unsere Feinde aufzuflammen, dann lehrt Jesus: „Liebet eure Feinde; segnet, die euch fluchen; tut wohl denen, die euch hassen; bittet für die, so euch beleidigen und verfolgen."

Immer und überall ist die Liebe Jesu ein strahlendes Licht, das die Häßlichkeit unseres abgestandenen Konformismus enthüllt.

Trotz des klaren Auftrages, anders zu leben, haben wir eine Art Herdengefühl entwickelt und sind vom Extrem des primitiven Individualismus in das Extrem des primitiven Kollektivismus verfallen. Wir machen nicht mehr Geschichte; wir werden von der Geschichte geformt. Longfellow sagte: „In dieser Welt muß der Mensch entweder Amboß oder Hammer sein", und er meinte damit, daß er entweder die Gesellschaft formt, oder sich von der Gesellschaft formen läßt. Wer kann bezweifeln, daß heute die meisten Menschen Amboß sind und nach dem Muster der Mehrheit geformt werden? Oder, um ein anderes Bild zu gebrauchen, die meisten Menschen, und ganz besonders Christen, sind Thermometer. Sie zeigen die Temperatur der Mehrheitsmeinung an.

Aber sie sind keine Thermostaten. Sie ändern und regeln die Temperatur der Gesellschaft nicht.

Die meisten Menschen fürchten nichts so sehr, als eine Stellung zu beziehen, die sich klar von der vorherrschenden Meinung unterscheidet. Sie haben das Bestreben, sich eine Ansicht zu bilden, die so umfassend ist, daß sie alles umschließt, und so populär, daß jedermann sie teilt. Zugleich ist eine Art Anbetung des Großen entstanden. Wir leben in einem Zeitalter des Gigantismus. Menschen suchen Sicherheit im Großen und Ausgedehnten – in großen Städten, großen Häusern, großen Gesellschaften. Diese Vergötterung des Großen hat dazu geführt, daß viele fürchten, mit den Ideen einer Minderheit identifiziert zu werden. Viele Menschen, denen edle und hohe Ideale lieb und teuer sind, verbergen sie sorgfältig, weil sie fürchten, als „anders" zu gelten. Viele anständige weiße Menschen in den amerikanischen Südstaaten sind insgeheim gegen Rassentrennung und -diskriminierung, aber sie fürchten, deswegen öffentlich angegriffen zu werden. Millionen von Mitbürgern sind tief beunruhigt, weil militärisch-wirtschaftliche Gesichtspunkte zu häufig die nationale Politik bestimmen, aber sie wollen nicht als unpatriotisch gelten. Viele ehrliche Staatsbürger meinen, daß ein Land wie Rotchina zu den Vereinten Nationen gehören müßte, aber sie fürchten, als Kommunistenfreunde verdächtigt zu werden. Eine Legion nachdenklicher Menschen erkennt, daß der traditionelle Kapitalismus sich nach und nach wandeln muß, wenn unser nationaler Reichtum gerecht verteilt werden soll, aber sie fürchten, daß ihre Kritik sie als unamerikanisch erscheinen lassen könnte. Zahlreiche junge, anständige Menschen lassen sich in verwerfliche Unternehmen ziehen, die sie selbst nicht billigen und an denen sie keine Freude haben; aber sie schämen sich, nein zu sagen, wenn die anderen ja sagen. Wie wenige Menschen haben den Mut, ihre Ansichten öffentlich zu bekennen, und wie viele lassen sich einschüchtern.

Wenn ein Mensch sagt, was er wirklich glaubt, dann läßt uns blinder Konformismus so mißtrauisch werden, daß wir nur zu geneigt sind, seine bürgerlichen Freiheiten anzutasten. Wenn ein Mann, der überzeugt an den Frieden glaubt, närrisch genug ist, um in einer öffentlichen Demonstration ein Spruchband zu tragen, oder wenn ein weißer Amerikaner aus den Südstaaten an den amerikanischen Traum von Würde und Wert des Menschen glaubt und deshalb einen Neger in sein Haus einlädt und sich an seinem Freiheitskampf beteiligt, so muß er damit rechnen, vor den Richter geladen zu werden. Und gewiß wird er als Kommunist gelten, wenn er sich zur Brüderlichkeit unter den Menschen bekennt.

Thomas Jefferson schrieb: „Ich habe vor Gottes Angesicht ewige Feindschaft gegen jede Tyrannei über das menschliche Gewissen geschworen." Den Konformisten und den konformistischen Meinungsmachern muß das sehr gefährlich und radikal erscheinen. Haben wir wirklich zugelassen, daß das Licht des unabhängigen Denkens und des Individualismus so trüb geworden ist, daß Thomas Jefferson festgenommen und verhört werden könnte, wenn er diese Worte heute schreiben und nach ihnen leben wollte? Wenn wir uns nicht gegen die Gedankenkontrolle, Geschäftskontrolle und Freiheitskontrolle zur Wehr setzen, dann werden wir ganz sicherlich im Dunkel des Faschismus enden.

II.

Nirgends ist die tragische Tendenz zum Konformismus deutlicher als in der Kirche, einer Institution, die oft genug dazu gedient hat, eine Mehrheitsmeinung zu bilden, zu erhalten und sogar zu segnen. Die ehemalige Zustimmung der Kirche zur Sklaverei, zur Rassentrennung, zum Krieg und zur wirtschaftlichen Ausbeutung bezeugt, daß die Kirche sich mehr nach weltlichem als nach göttlichem Gebot gerichtet hat. Anstatt die moralische Wächterin der Gesellschaft zu sein, hat die Kirche zuzeiten das unterstützt, was unmoralisch und unanständig ist. Anstatt soziale Mißstände zu bekämpfen, hat sie sich hinter ihren bunten Fenstern still verhalten. Anstatt den Menschen auf die Höhe der Brüderlichkeit zu führen und ihn zu lehren, sich über die engen Grenzen der

Rassen und Klassen aufzuschwingen, hat sie rassische Trennung gelehrt und ausgeübt.

Auch uns Prediger hat der ansteckende Kult des Konformismus in Versuchung geführt. Von den Erfolgsmaßstäben der Welt verblendet, messen wir unsere Leistung an der Größe unserer Pfarreien. Wir sind Schausteller geworden, die den Wünschen und Launen der Menschen gerecht werden wollen. Wir halten erquickliche Predigten und vermeiden es, irgend etwas von der Kanzel herab zu sagen, was die ehrbaren Ansichten unserer ehrbaren Gemeindemitglieder erschüttern könnte. Haben wir Diener Christi die Wahrheit auf dem Altar des Eigennutzes geopfert und, wie Pilatus, unsere Überzeugungen den Wünschen der Menge untergeordnet?

Wir müssen die Glut des Evangeliums der ersten Christen wiederfinden, die im wahrsten Sinne des Wortes Nonkonformisten waren und sich weigerten, ihr Zeugnis den Gewohnheiten ihrer Umwelt anzupassen. Willig opferten sie Ruf, Reichtum und Leben für eine Sache, die sie als richtig erkannt hatten. An Zahl gering, waren sie Riesen an Wirkung. Ihr mächtiges Evangelium setzte so barbarischen Sitten wie Kindermorden und blutigen Gladiatorenkämpfen ein Ende. Zum Schluß gewannen sie das römische Reich für Christus.

Allmählich aber hüllte die Kirche sich so sehr in Reichtum und Pomp, daß sie sich den strengen Forderungen des Evangeliums entzog und der weltlichen Lebensweise anpaßte. Seither war die Kirche nur noch eine schwache, unwirksame Posaune, die unsichere Laute von sich gab. Wenn die Kirche Jesu Christi ihre Kraft, ihre Botschaft und ihre Glaubwürdigkeit zurückgewinnen will, so muß sie sich ausschließlich nach den Forderungen des Evangeliums richten.

Die Hoffnung auf eine sichere und lebenswerte Welt ruht auf disziplinierten Nonkonformisten, die für Gerechtigkeit, Frieden und Brüderlichkeit eintreten. Die Wegbahner der menschlichen, akademischen, wissenschaftlichen und religiösen Freiheit sind immer Nonkonformisten gewesen. Wo es um den Fortschritt der Menschheit geht, muß man den Nonkonformisten vertrauen!

In seinem Werk „Selbstvertrauen" schrieb Emerson: „Wer Mensch sein will, muß Nonkonformist sein." Der Apostel Paulus erinnert uns daran, daß ein Christ Nonkonformist sein muß. Jeder Christ, der die Mehrheitsmeinungen blind übernimmt und den ausgetretenen Pfaden der Trägheit und der allgemeinen Zustimmung folgt, ist ein geistiger und seelischer Sklave. Merkt euch diese Worte von James Russell Lowell: „Ein Sklave ist, wer nicht wagt, für die Gefallenen und Schwachen einzutreten; ein Sklave ist, wer nicht lieber Haß, Spott und Hohn auf sich nimmt, als daß er die Wahrheit verschwiege; ein Sklave ist, wer sich fürchtet, mit zwei oder drei Gefährten auf der Seite des Rechts zu stehen."

III.

Nonkonformismus braucht aber nicht immer gut zu sein. Bisweilen wird er weder ändern noch bessern. Nonkonformismus allein besitzt noch keinen helfenden Wert. Manchmal ist er vielleicht nur eine Form des Zurschaustellens. Paulus gibt uns im zweiten Teil unseres Textes eine Formel für schöpferischen Nonkonformismus: „Verändert euch durch Erneuerung eures Sinnes." Nonkonformismus ist erst dann schöpferisch, wenn er von einem veränderten Leben kontrolliert und geleitet wird; er ist schöpferisch, wenn er sich mit einer neuen Art verbindet, die Welt zu betrachten. Wenn wir unser Leben für Gott öffnen, werden wir neue Geschöpfe. Diese Erfahrung, von der Jesus als von einer neuen Geburt sprach, ist wichtig, wenn wir verwandelte Nonkonformisten sein wollen, die frei sind von kalter Hartherzigkeit und Selbstgerechtigkeit, die so oft mit dem Nonkonformismus einhergehen. Jemand hat gesagt: „Ich liebe Reformen, aber ich hasse Reformer." Ein Reformer kann ein unverwandelter Nonkonformist sein, dessen Rebellion gegen die Mißstände der Gesellschaft ihn hat streng und ungeduldig werden lassen.

Nur durch eine geistliche Wandlung gewinnen wir die Kraft, die Übel der Welt demütig und liebend rücksichtslos zu bekämpfen. Der verwandelte Nonkonformist erliegt niemals der passiven Geduld, die ein Vorwand ist, nichts zu tun. Seine eigene Wandlung bewahrt ihn davor, verantwortungslos trennende anstatt vereinende Worte zu sprechen, und voreilige Urteile zu fällen, die blind sind für die Notwendigkeiten des gesellschaftlichen Fortschritts. Er weiß, daß soziale Veränderungen nicht über Nacht kommen können, und trotzdem arbeitet er so, als sei es möglich.

Die Gegenwart braucht einen entschlossenen Kreis verwandelter Nonkonformisten. Unser Planet schwankt am Abgrund atomarer Zerstörung. Haß, Stolz und Selbstsucht, diese gefährlichen Eigenschaften, sitzen auf dem Thron unseres Lebens. Die Wahrheit siecht auf namenlosen Leidenswegen dahin. Die Menschen verneigen sich vor den falschen Göttern des Nationalismus und des Materialismus. Die Rettung der Welt wird nicht aus der Anpassung der konformistischen Mehrheit kommen, sondern aus der schöpferischen Auflehnung der nonkonformistischen Minderheit.

Vor einigen Jahren erinnerte uns Professor Bixler an die Gefahren eines allzu angepaßten Lebens. Jedermann versucht, sich nach Kräften anzupassen. Natürlich müssen wir uns anpassen, wenn wir weder neurotisch noch schizophren werden wollen. Aber es gibt auch Dinge auf der Welt, denen Menschen guten Willens sich niemals anpassen dürfen. Ich bekenne, daß ich nicht die Absicht habe, mich jemals an die Übel der Rassentrennung und die lähmenden Wirkungen der Diskriminierung zu gewöhnen, an die moralische Entartung religiöser Bigotterie, an die zersetzende Wirkung engherzigen Sektierertums, an wirtschaftliche Bedingungen, die den Menschen Arbeit und Brot vorenthalten, an krankhaften Militarismus und an die selbstzerstörerischen Auswirkungen körperlicher Gewalt.

Menschliche Rettung liegt in den Händen des schöpferischen Nonkonformisten. Wir brauchen heute Menschen wie Sadrach, Mesach und Abednego, die sich auf Befehl König Nebukadnezars vor einem goldenen Götzenbild verneigen sollten und unerschütterlich erklärten: „Unser Gott kann uns wohl erretten ... Wo er's nicht tun will, so sollst du dennoch wissen, daß wir deinen Gott nicht verehren." Wir brauchen Männer wie Thomas Jefferson, der in einem Zeitalter der Sklaverei schrieb: „Folgende Wahrheiten erachten wir als selbstverständlich: daß alle Menschen gleich geschaffen sind; daß sie von ihrem Schöpfer mit gewissen unveräußerlichen Rechten ausgestattet sind; daß dazu Leben, Freiheit und das Streben nach Glück gehören." Wir brauchen Männer wie Abraham Lincoln, der die Weisheit hatte zu erkennen, daß unsere Nation nicht leben kann, wenn sie zur Hälfte aus Sklaven, und zur Hälfte aus Freien besteht. Und wir brauchen Menschen wie unseren Herrn, der inmitten der mächtigen und eindrucksvollen römischen Militärmacht seinen Jüngern sagte: „Wer das Schwert nimmt, der soll durch das Schwert umkommen." Durch solchen Nonkonformismus kann eine schon zum Niedergang verurteilte Generation zu den Dingen zurückfinden, die den Frieden bedeuten.

Ich muß zugeben, daß ein solcher verwandelter Nonkonformismus, der immer Opfer verlangt und nie bequem ist, uns in die dunklen Täler des Leidens führen kann. Durch ihn können wir unsere Arbeitsplätze verlieren. Vielleicht fragt uns unsere sechsjährige Tochter: „Vati, warum mußt du so oft ins Gefängnis?" Aber wir irren uns, wenn wir meinen, das Christentum bewahre uns vor den Schmerzen und der Not unserer irdischen Existenz. Das Christentum hat immer gelehrt, daß wir das Kreuz tragen müssen, ehe wir die Krone erringen. Wenn wir Christen sein wollen, so müssen wir unser Kreuz auf uns nehmen und es tragen, bis es uns wieder auf den besseren Weg hilft, der nur durch Leiden zu erreichen ist.

In unserer Zeit weltweiter Verwirrung werden dringend Menschen gebraucht, die mutig für die Wahrheit kämpfen. Wir brauchen Christen, die jene Worte wiederholen, die John Bunyan nach zwölfjähriger Gefangenschaft seinen Peinigern sagte, als sie ihm die Freilassung versprachen, wenn er hinfort nicht mehr predigen wolle: „Wenn ich mein Gewissen zu einem Schlachthaus machen soll, wenn ich mir die eigenen Augen ausreißen soll, damit mich die Blinden führen müssen, wie es anscheinend von manchen gewünscht wird, so will ich mit Gottes Hilfe lieber leiden, bis Moos auf meinen Augenbrauen wächst, als meinen Glauben und meine Grundsätze verraten."

Wir müssen uns entscheiden. Wollen wir nach dem Trommelschlag des Konformismus weitermarschieren, oder wollen wir auf den Schlag einer anderen, ferneren Trommel lauschen und nach ihrem Takt ausschreiten? Wollen wir unseren Schritt der Musik der Welt anpassen, oder wollen wir trotz Hohn und Spott der die Seele rettenden Musik der Ewigkeit folgen? Mehr als je zuvor werden wir heute von den Worten herausgefordert, die aus dem Gestern zu uns herüberklingen: „Stellet euch nicht dieser Welt gleich, sondern verändert euch durch Erneuerung eures Sinnes!"

Daß der Feind sich in einen Freund verwandelt*

Seit mehr als zwölf Monaten haben wir Negerbürger von Montgomery einen gewaltlosen Protest gegen die Ungerechtigkeiten und Beschimpfungen in den städtischen Autobussen durchgeführt. Wir erkannten, daß es ehrenvoller ist, in Würde zu Fuß zu gehen als in Schande zu fahren. Wir wollten lieber müde Füße haben als müde Seelen, und so beschlossen wir, so lange auf den Straßen Montgomerys zu laufen, bis die Mauern der Ungerechtigkeit niedergerissen waren.

Diese zwölf Monate waren nicht leicht. Unsere Füße sind oft müde gewesen. Wir haben, um unsere Beförderungsaktion durchhalten zu können, gegen eine ungeheure Übermacht kämpfen müssen. Es gab Tage, wo ungünstige Gerichtsentscheidungen wie eine Sturmflut über uns kamen, so daß wir durch Wasser der Verzweiflung hindurch mußten. Aber trotz allem sind wir vorwärtsgegangen in dem Glauben, daß, wenn wir kämpfen, Gott mit uns kämpft, und daß letzten Endes die Gerechtigkeit siegen wird. Wir haben in der Qual und Finsternis des Karfreitags gelebt, fest davon überzeugt, daß eines Tages der helle Sonnenglanz der Ostersonne am Horizont aufleuchten würde. Wir haben erlebt, wie die Wahrheit gekreuzigt und die Güte begraben wurde, aber wir sind vorwärtsgegangen in der Zuversicht, daß die Wahrheit, die zu Boden getreten wurde, wieder auferstehen wird. Jetzt ist unser Glaube gerechtfertigt. Heute morgen kam die lang erwartete gerichtliche Verfügung des Obersten Bundesgerichts in Sachen Bus-Segregation.

---

* Am 20. Dezember 1956 – am Ende des Busboykotts von Montgomery – gab King diese Erklärung in der St. John A. M. E. Church in Montgomery ab.

Auf Grund dieser Verfügung und auf Grund des einstimmigen Beschlusses, den die Montgomery Improvement Association (MIA) vor etwa einem Monat gefaßt hat, ist die einjährige Protestaktion gegen die Autobusse der Stadt hiermit offiziell beendet. Die Negerbürger von Montgomery werden aufgefordert, morgen früh zu den Bussen zurückzukehren.

Ich kann nicht schließen, ohne zur Vorsicht zu mahnen. Wir sind durch unsere Erfahrungen in diesem Jahr gewaltlosen Protestes innerlich so gewachsen, daß uns ein gerichtlicher ‚Sieg' über unsere weißen Brüder nicht befriedigen kann. Wir müssen Verständnis für die aufbringen, die uns unterdrückt haben, und auch für das, was ihnen der Gerichtsbeschluß auferlegt. Wir müssen ehrlich unsere eigenen Fehler einsehen. Wir müssen so handeln, daß ein Zusammenleben weißer und farbiger Menschen in einer wirklichen Harmonie der Interessen und des Verständnisses möglich ist. Wir wollen eine Integration, die auf gegenseitiger Achtung aufgebaut ist. Dies ist der Augenblick, wo wir ruhige Würde und kluge Zurückhaltung zeigen müssen. Wir dürfen uns von unseren Gefühlen nicht hinreißen lassen. Keiner von uns darf Gewalt anwenden; denn wenn wir jetzt gewalttätig werden, sind wir vergeblich zu Fuß gelaufen, und die zwölf glorreichen Monate werden zur Vorgeschichte einer dunklen Katastrophe werden. Wenn wir zu den Bussen zurückkehren, laßt uns so viel Liebe aufbringen, daß der Feind sich in einen Freund verwandelt. Wir müssen nun vom Protest zur Versöhnung kommen. Ich bin fest davon überzeugt, daß Gott in Montgomery am Werk ist. Alle, die guten Willens sind, Neger und Weiße, sollten mit ihm zusammen ans Werk gehen. Dann werden wir uns aus der finsteren, trostlosen Nacht der Unmenschlichkeit erheben und in den hellen, leuchtenden Morgen der Freiheit und Gerechtigkeit hineinschreiten können.

Mein Weg zur Gewaltlosigkeit*

Wie die meisten Leute hatte ich von Gandhi gehört, hatte ihn aber nie ernstlich studiert. Als ich nun die Bücher las, war ich fasziniert von seinen Feldzügen gewaltlosen Widerstandes. Besonders bewegte mich sein Salzmarsch zum Meer und sein häufiges Fasten. Die ganze Idee des „Satyagraha" machte starken Eindruck auf mich (Satya bedeutet Wahrheit, die Liebe einschließt, und agraha bedeutet Festigkeit, die mit Kraft gleichbedeutend ist; Satyagraha bedeutet daher die Macht, die aus der Wahrheit und der Liebe geboren ist). Als ich tiefer in die Philosophie Gandhis eindrang, nahmen meine Zweifel an der Macht der Liebe allmählich ab, und ich erkannte zum erstenmal, was sie auf dem Gebiet der Sozialreform ausrichten konnte. Ehe ich Gandhi gelesen hatte, glaubte ich, daß die Sittenlehre Jesu nur für das persönliche Verhältnis zwischen einzelnen Menschen gelte. Das ‚Dem biete die andere Backe dar' und ‚Liebe deine Feinde' galt meiner Meinung nach nur dann, wenn ein Mensch mit einem anderen in Konflikt geriet. Wenn aber Rassengruppen und Nationen in Konflikt kamen, schien mir eine realistischere Methode notwendig zu sein. Doch nachdem ich Gandhi gelesen hatte, sah ich ein, wie sehr ich mich geirrt hatte.

Gandhi war wahrscheinlich der erste Mensch in der Geschichte, der Jesu Ethik von der Liebe über eine bloße Wechselwirkung zwischen einzelnen Menschen hinaus zu einer wirksamen sozialen Macht in großem Maßstab erhob. (...)

---

* Auszug aus Kings 1958 veröffentlichtem Bericht über seinen „Pilgerweg zur Gewaltlosigkeit" („Pilgrimage to Nonviolence")

Als ich als Pastor nach Montgomery ging, hatte ich noch nicht die geringste Ahnung, daß ich später in eine Krise verwickelt werden würde, in der man gewaltlosen Widerstand anwenden konnte. Ich hatte den Protest weder begonnen noch vorgeschlagen. Ich hatte einfach nur auf den Ruf des Volkes nach einem Wortführer reagiert. Als der Protest begann, besann ich mich, bewußt oder unbewußt, auf die Bergpredigt mit ihrer erhabenen Lehre von der Liebe und auf Gandhis Methode des gewaltlosen Widerstandes. Im Laufe der Zeit erkannte ich immer mehr die Macht der Gewaltlosigkeit. Da ich ja den Protest selbst miterlebte, wurde mir der gewaltlose Widerstand mehr als nur eine Methode, der ich vom Verstande her zustimmte. Er wurde für mich eine Überzeugung, nach der ich mein Leben ausrichtete. Vieles, was mir bisher vom Intellekt her nicht klar gewesen war, wurde nun durch die Praxis geklärt.

Da die Lehre vom gewaltlosen Widerstand eine so positive Rolle in der Montgomery-Bewegung spielte, ist es vielleicht angebracht, einige grundlegende Gesichtspunkte kurz zu erörtern.

Zuerst muß betont werden, daß gewaltloser Widerstand keine Methode für Feiglinge ist. Es wird Widerstand geleistet. Wenn jemand diese Methode anwendet, weil er Angst hat oder nur weil ihm die Werkzeuge zur Gewaltanwendung fehlen, so handelt er in Wirklichkeit gar nicht gewaltlos. Aus diesem Grunde hat Gandhi oft gesagt, man solle, wenn man nur die Wahl zwischen Feigheit und Gewalt hat, lieber kämpfen. Er wußte, daß es immer noch eine andere Möglichkeit gibt: Weder eine Einzelperson noch eine Gruppe von Menschen braucht sich einem Unrecht zu unterwerfen oder Gewalt anzuwenden, um sich wieder Recht zu verschaffen; denn es gibt den Weg des gewaltlosen Widerstands. Das ist letzten Endes der Weg des Starken. Es ist keine Methode träger Passivität. Der Ausdruck ‚passiver Widerstand' erweckt oft den falschen Eindruck, daß das eine Methode des Nichtstuns sei, bei der derjenige, der Widerstand leistet, ruhig und passiv das Böse hinnimmt. Aber nichts ist weiter von der

Wahrheit entfernt. Denn der Anhänger des gewaltlosen Widerstandes ist nur insofern passiv, als er seinen Gegner nicht physisch angreift; sein Geist und seine Gefühle aber sind immer aktiv. Sie versuchen ständig den Gegner zu überzeugen, daß er im Unrecht ist. Die Methode ist körperlich passiv, aber geistig stark aktiv. Es ist keine Widerstandslosigkeit gegenüber dem Bösen, sondern aktiver gewaltloser Widerstand gegen das Böse.

Ein anderer charakteristischer Zug des gewaltlosen Widerstandes ist der, daß er den Gegner nicht vernichten oder demütigen, sondern seine Freundschaft und sein Verständnis gewinnen will. Wer gewaltlosen Widerstand leistet, muß oft durch Boykotte oder dadurch, daß er seine Mitarbeit versagt, protestieren. Aber er weiß, daß diese Mittel nicht Selbstzweck sind. Sie sollen beim Gegner nur ein Gefühl der Scham wecken. Der Zweck ist Wiedergutmachung und Aussöhnung. Die Frucht des gewaltlosen Widerstandes ist eine neue innige Gemeinschaft, während die Folge der Gewalttätigkeit tragische Verbitterung ist.

Ein drittes Charakteristikum dieser Methode ist, daß ihr Angriff gegen die Mächte des Bösen gerichtet ist, nicht gegen Personen, die das Böse tun. Der Anhänger des gewaltlosen Widerstandes will das Böse vernichten, nicht die Menschen, die dem Bösen verfallen sind. Wenn er sich gegen die Rassendiskriminierung auflehnt, so tut er es in der Erkenntnis, daß die eigentliche Spannung nicht zwischen den Rassen besteht. Ich sage es den Leuten in Montgomery gern so: „Die Spannung in dieser Stadt besteht nicht zwischen Weißen und Negern. Sie besteht im Grunde genommen zwischen Gerechtigkeit und Ungerechtigkeit, zwischen den Mächten des Lichts und den Mächten der Finsternis. Und wenn hier ein Sieg errungen ist, wird es nicht nur ein Sieg für 50 000 Neger sein, sondern ein Sieg für die Gerechtigkeit und die Mächte des Lichts. Wir wollen die Ungerechtigkeit vernichten und nicht weiße Menschen, die ungerecht sind."

Ein vierter charakteristischer Zug des gewaltlosen Widerstandes ist die Bereitschaft, Demütigungen zu erdulden, ohne sich zu rächen, und Schläge hinzunehmen, ohne zurückzuschlagen. „Vielleicht müssen Ströme von Blut fließen, ehe wir unsere Freiheit gewinnen, aber es muß unser Blut sein", sagte Gandhi zu seinen Landsleuten. Der Anhänger des gewaltlosen Widerstandes ist bereit, wenn es sein muß, Gewalttätigkeit hinzunehmen; aber er wird sie anderen niemals zufügen. Er versucht nicht, einer Verhaftung aus dem Wege zu gehen. Wenn er ins Gefängnis muß, geht er hinein ‚wie ein Bräutigam in die Kammer der Braut'.

Man könnte nun fragen: Mit welchem Recht fordert der Anhänger des gewaltlosen Widerstandes die Menschen auf, eine so schwere Prüfung auf sich zu nehmen? Mit welchem Recht wendet er die alte Lehre vom ‚Die-andere-Backe-Hinreichen' auf die politischen Massen an? Die Antwort ist: Er hat erkannt, daß unverdientes Leiden erlöst. Im Leiden liegt eine gewaltige erzieherische und umwandelnde Kraft. Gandhi sagt: „Alles, was von fundamentaler Bedeutung für ein Volk ist, läßt sich nicht durch Vernunft allein erreichen, es muß durch Leiden erkauft werden. Leiden ist eine unendlich viel stärkere Macht als das Gesetz des Dschungels. Es kann den Gegner umwandeln und ihm die Ohren öffnen, die sonst der Stimme der Vernunft verschlossen sind."

Fünftens läßt sich der Anhänger des gewaltlosen Widerstandes weder äußerlich noch innerlich zur Gewalttätigkeit hinreißen. Er weigert sich nicht nur, seinen Gegner niederzuschießen, sondern auch, ihn zu hassen. Im Mittelpunkt der Lehre vom gewaltlosen Widerstand steht das Gebot der Liebe. Der Anhänger des gewaltlosen Widerstandes kämpft darum, daß die unterdrückten Völker der Welt in ihrem Ringen um die Menschenwürde nicht verbittert werden oder sich in Haßfeldzügen ergehen. Mit gleicher Münze vergelten, würde den Haß in der Welt nur vermehren. Jeder müßte Verstand und Moral genug haben, um die Kette des Hasses zu zerreißen. Das kann nur geschehen, wenn wir die Liebe zum Mittelpunkt unseres Lebens machen.

Wenn wir an dieser Stelle von der Liebe sprechen, meinen wir damit nicht irgendein sentimentales oder zärtliches Gefühl. Es wäre Unsinn, wenn wir die Menschen auffordern wollten, ihre Unterdrücker zärtlich zu lieben. Mit Liebe meinen wir in unserem Falle Verstehen, guten Willen, der erlösende Kraft hat. Hier kommt uns die griechische Sprache zu Hilfe. Es gibt im griechischen Neuen Testament drei Worte für Liebe. Erstens das Wort ‚eros'. In Platos Philosophie bedeutet ‚eros' das Verlangen der Seele nach dem Bereich des Göttlichen. Heute verstehen wir darunter eine Art ästhetischer oder romantischer Liebe. Das zweite Wort ist ‚philia', das innige Zuneigung zwischen zwei Freunden bedeutet. Philia kennzeichnet eine auf Gegenseitigkeit beruhende Liebe. Man liebt, weil man geliebt wird.

Wenn wir von einer Liebe zu denen sprechen, die uns feindlich gegenüberstehen, benutzen wir weder das Wort ‚eros' noch das Wort ‚philia', sondern das griechische Wort ‚agape'. Agape bedeutet verstehender, erlösender guter Wille allen Menschen gegenüber. Sie ist eine überströmende Liebe, die völlig freiwillig, unmotiviert, grundlos und schöpferisch ist. Sie wird nicht durch irgendeine gute Eigenschaft oder Leistung ihres Objekts ausgelöst. Sie ist die Liebe Gottes, die im Herzen des Menschen wirkt.

Agape ist eine uneigennützige Liebe, in der der Mensch nicht sein Bestes sucht, sondern ‚was des andern ist' (1. Kor. 10, 24). Sie macht keinen Unterschied zwischen würdigen und unwürdigen Menschen oder zwischen irgendwelchen Eigenschaften, die die Menschen besitzen. Sie liebt die andern um ihretwillen und sieht in jedem Menschen, dem sie begegnet, den Nächsten. Daher macht sie auch keinen Unterschied zwischen Freund und Feind. Sie wendet sich beiden zu. Wer einen Menschen nur seiner Freundlichkeit wegen liebt, liebt ihn mehr um des Vorteils willen, den er aus der Freundschaft zieht, als um seinetwillen. Wenn wir also sicher sein wollen, daß unsere Liebe uneigennützig ist, müssen wir den Nächsten lieben, der unser Feind ist und von dem wir nichts Gutes, sondern nur Feindseligkeit und Verfolgung erwarten können.

Ein anderer Grundzug der Agape ist, daß sie aus dem dringenden Verlangen des andern entspringt – seinem Verlangen, zu den Besten in der menschlichen Familie zu gehören. Der Samariter, der dem Juden auf der Straße nach Jericho half, war ‚gut', weil er auf die menschliche Not reagierte, der er begegnete. Gottes Liebe ist ewig und versagt nicht, weil der Mensch sie braucht. Paulus versichert uns, daß „wir Gott versöhnt sind durch den Tod seines Sohnes, als wir noch Feinde waren" – das heißt, zu der Zeit, als wir die Liebe am meisten brauchten. Da der Charakter des weißen Menschen durch die Segregation sehr entstellt ist und seine Seele sehr gelitten hat, braucht er die Liebe des Negers. Der Neger muß den Weißen lieben, damit dessen Spannungen, Unsicherheiten und Ängste beseitigt werden.

Agape ist keine schwache, passive Liebe. Sie ist eine tätige Liebe, eine Liebe, die danach trachtet, Gemeinschaft zu schaffen und zu erhalten, auch wenn man sie zerstören will. Sie ist bereit, Opfer zu bringen und alles zu tun, um die Gemeinschaft wiederherzustellen. Sie bleibt deshalb nicht bei der ersten Meile stehen, sondern sie geht auch die zweite Meile. Sie ist bereit, nicht siebenmal sondern siebzigmal siebenmal zu vergeben. Das Kreuz ist das ewige Zeichen dafür, wie weit Gott gehen will, um eine zerbrochene Gemeinschaft wiederherzustellen. Die Auferstehung ist ein Symbol des Sieges Gottes über alle die Mächte, die die Gemeinschaft zu verhindern suchen. Der Heilige Geist ist im Verlauf der Geschichte die Realität, die ständige Gemeinschaft schafft. Wer gegen die Gemeinschaft handelt, handelt gegen die ganze Schöpfung. Wenn ich daher Haß mit Haß begegne, vergrößere ich nur die Kluft in der zerbrochenen Gemeinschaft. Ich kann diese Kluft nur so schließen, daß ich Haß mit Liebe begegne. Wenn ich Haß mit Haß begegne, werde ich entpersönlicht, weil sich meine Persönlichkeit nach dem Schöpfungswillen Gottes nur innerhalb der Gemeinschaft entwickeln kann. Booker T. Washington hatte recht, wenn er sagte: „Laß dich von niemandem so weit hinreißen, daß du ihn haßt." Sonst bringt er dich dahin, daß du gegen die Gemeinschaft handelst, daß du dich gegen die Schöpfung auflehnst und dadurch entpersönlicht wirst.

Und schließlich bedeutet ‚agape' Anerkennung der Tatsache, daß alles Leben in Beziehung zueinander steht. Die ganze Menschheit ist in einen einzigen Prozeß verwickelt, und alle Menschen sind Brüder. In dem Maße, wie ich meinem Bruder schade, ganz gleich, was er mir antut, in dem Maße schade ich mir selbst. Die Weißen lehnen zum Beispiel oft eine finanzielle Unterstützung des Schulwesens aus Bundesmitteln ab, um den Negern nicht ihr Recht geben zu müssen. Da aber alle Menschen Brüder sind, können sie Negerkindern nichts verweigern, ohne ihren eigenen Kindern zu schaden. Entgegen all ihren Anstrengungen schaden sie sich schließlich selbst. Warum ist das so? Weil alle Menschen Brüder sind. Wenn du mir schadest, schadest du dir selbst.

Liebe, Agape, ist das einzige Band, das diese zerrissene Gemeinschaft zusammenhalten kann. Wenn mir geboten ist zu lieben, ist mir geboten, die Gemeinschaft wiederherzustellen, der Ungerechtigkeit zu widerstehen und meinen Brüdern zu helfen.

Sechstens gründet sich der gewaltlose Widerstand auf die Überzeugung, daß das Universum auf der Seite der Gerechtigkeit steht. Infolgedessen hat der, der an Gewaltlosigkeit glaubt, einen tiefen Glauben an die Zukunft. Dieser Glaube ist ein weiterer Grund, warum der Anhänger des gewaltlosen Widerstandes Leiden ertragen kann, ohne wiederzuvergelten. Denn er weiß, daß er in seinem Kampf für die Gerechtigkeit den Kosmos auf seiner Seite hat. Es ist wahr, daß es eifrige Anhänger der Gewaltlosigkeit gibt, denen es schwerfällt, an einen persönlichen Gott zu glauben. Aber selbst diese glauben an die Existenz irgendeiner schöpferischen Kraft, die für das universale Ganze wirkt. Ob wir sie nun einen unbewußten Prozeß, einen unpersönlichen Brahma oder ein persönliches Wesen von unvergleichlicher Macht und unendlicher Liebe nennen – es gibt eine schöpferische Kraft in diesem Weltall, die am Werk ist, die getrennten Erscheinungen der Wirklichkeit zu einem harmonischen Ganzen zusammenzufügen.

Leiden in eine verändernde Kraft umwandeln*

Einige meiner persönlichen Leiden während der letzten Jahre haben auch mein Denken geprägt. Ich zögere immer, diese Erfahrungen zu erwähnen, weil ich fürchte, einen falschen Eindruck zu erwecken. Ein Mensch, der ständig auf seine Prüfungen und Leiden aufmerksam macht, läuft Gefahr, einen Märtyrerkomplex zu entwickeln und anderen das Gefühl zu vermitteln, daß er ganz gezielt Mitleid sucht. Man kann in seiner Selbstverleugnung selbstsüchtig und in seiner Selbstaufopferung selbstgerecht sein. Daher habe ich immer Hemmungen, meine persönlichen Opfer zu erwähnen. Aber aufgrund des Einflusses, den sie auf die Entwicklung meines Denkens gehabt haben, halte ich es in gewissem Sinne für gerechtfertigt, sie in diesem Artikel anzusprechen.

Wegen meines Engagements im Kampf um die Freiheit für mein Volk habe ich in den letzten Jahren sehr wenige ruhige Tage verlebt. Ich bin fünfmal verhaftet und in ein Gefängnis in Alabama gesteckt worden. Zweimal ist auf mein Haus ein Bombenanschlag verübt worden. Selten vergeht ein Tag, an dem meine Familie und ich nicht Todesdrohungen erhalten. Ich hätte beinahe einen Angriff mit einer Stichwaffe nicht überlebt. So bin ich wahrlich von den Stürmen der Verfolgung geschüttelt worden. Ich muß gestehen, daß ich manchmal das Gefühl hatte, ich könnte solch eine schwere Last nicht länger tragen, und versucht war, mich in ein ruhigeres und beschaulicheres Leben zurückzuziehen. Aber jedes Mal, wenn solch eine Versuchung sich zeigte, erschien etwas, das

* Dieses Statement erschien am 27. April 1960 in der Zeitschrift „Christian Century". Die Herausgeber hatten King um eine Stellungnahme zu seinen Erfahrungen im Umgang mit Leiden gebeten.

meine Entschlossenheit stärkte und aufrecht erhielt. Ich habe inzwischen gelernt, daß die Last des Herrn gerade dann leicht ist, wenn wir sein Joch auf uns nehmen.

Meine persönlichen Prüfungen haben mich auch den Wert unverdienten Leidens gelehrt. Als meine Leiden zunahmen, erkannte ich bald, daß es zwei Möglichkeiten gab, mit meiner Lage umzugehen: entweder mit Verbitterung zu reagieren oder zu versuchen, das Leiden in eine schöpferische Kraft umzuwandeln. Ich entschied mich für den letzteren Weg. Die Notwendigkeit des Leidens erkennend, habe ich versucht, daraus eine Tugend zu machen. Schon allein um mich vor Verbitterung zu bewahren, habe ich versucht, mein persönliches Ungemach als Gelegenheit anzusehen, mich selbst zu ändern und den Menschen zu helfen, die von jener tragischen Situation betroffen sind, die jetzt besteht. Ich habe in den letzten Jahren in der Überzeugung gelebt, daß unverdientes Leiden zur Erlösung führt.

Es gibt manche, die noch immer im Kreuz einen Stolperstein sehen, und andere, die in ihm eine Torheit sehen, doch ich bin mehr denn je davon überzeugt, daß es die Kraft Gottes zur Rettung der Gesellschaft und des einzelnen ist. So kann ich jetzt wie der Apostel Paulus demütig und doch voller Stolz sagen: „Ich trage an meinem Körper die Male des Herrn Jesus." Die leidvollen und die qualvollen Momente, die ich in den letzten Jahren durchleben mußte, haben mich auch Gott näher gebracht. Mehr denn je zuvor bin ich von der Realität eines persönlichen Gottes überzeugt.

Die Fähigkeit des Menschen zum Guten*

Ein grundlegender Aspekt dieser Bewegung ist die Annahme, daß es im Wesen des Menschen ein erstaunliches Potential an Güte gibt. Im Wesen des Menschen gibt es etwas, das durch Güte angesprochen werden kann. Ich weiß, daß jetzt jemand einwenden könnte, diese Bewegung sei unrealistisch, wenn sie von der Annahme ausgeht, daß alle Menschen gut seien. Nun, das habe ich auch nicht behauptet. Ich denke, die Studenten und Studentinnen sind realistisch genug, davon auszugehen, daß es eine eigenartige Spaltung, einen beunruhigenden Dualismus innerhalb des menschlichen Wesens gibt. Über die Jahrhunderte haben viele der großen Philosophen und Denker dies erkannt. Den lateinischen Dichter Ovid veranlaßte dies zu sagen: „Ich sehe und heiße gut die besseren Dinge des Lebens, die bösen Dinge jedoch tue ich." Selbst den heiligen Augustinus brachte es dazu, zu sagen: „Gott, mache mich rein, aber noch nicht jetzt." Das liegt am Wesen des Menschen. Plato sagte vor Jahrhunderten, die menschliche Persönlichkeit gleiche einem Wagenlenker mit zwei eigensinnigen Pferden, von denen jedes in eine andere Richtung will. So beobachten wir in unserem eigenen, individuellen Leben diesen Konflikt, und mit Sicherheit beobachten wir eine eigentümliche Schlechtigkeit, sobald wir uns dem Bereich des menschlichen Lebens in der Gemeinschaft zuwenden. Aber dessen ungeachtet gibt es im menschlichen Wesen etwas, das auf Güte angesprochen werden kann. Das

* In dieser Ansprache vom 16. 11. 1961, aus der hier Auszüge wiedergegeben sind, tritt King für die studentische Bewegung ein, die mit „Sit-ins" und „Freiheitsfahrten" („freedom rides") gegen die Rassentrennung in öffentlichen Einrichtungen im Süden der USA kämpfte.

bedeutet, daß der Mensch von seiner Geburt her weder gut noch schlecht ist. Er hat die Voraussetzungen zu beidem. Daher hatte Carlyle in diesem Sinne recht, als er sagte: „Es gibt Tiefen im Menschen, die bis in die Niederungen der Hölle hinabreichen, und Höhen, die sich zum höchsten Himmel erstrecken; denn sind nicht sowohl der Himmel als auch die Hölle aus ihm heraus erschaffen, der er ein stetes Wunder und Mysterium ist?" Der Mensch hat die Anlage zum Guten, und er hat die Anlage zum Bösen.

Und deshalb läßt jemand, der gewaltlos Widerstand leistet, niemals von dem Glauben ab, daß es im menschlichen Wesen etwas gibt, das durch Güte angesprochen werden kann. Deshalb kann ein Jesus von Nazareth oder ein Mohandas Gandhi Menschen erreichen und an das Gute in ihnen appellieren, und ein Hitler kann das Böse in ihnen ansprechen. Aber wir dürfen niemals vergessen, daß es im menschlichen Wesen etwas gibt, das durch Güte angesprochen werden kann, daß der Mensch nicht völlig verderbt ist. Um es einmal in theologischen Begriffen auszudrücken: Das Ebenbild Gottes geht nie völlig verloren. Und daher glauben Menschen, die an diese Bewegung, an Gewaltlosigkeit und an unseren Kampf in den Südstaaten glauben, daß selbst der schlimmste Befürworter der Rassentrennung doch zu einem Befürworter der Integration werden kann. Es ist sicher manchmal schwer zu glauben, daß diese Bewegung davon ausgeht, aber sie glaubt fest daran, daß es im menschlichen Wesen etwas gibt, das einer Veränderung zugänglich ist. Darauf baut die gesamte Philosophie der Studentenbewegung und die Philosophie der Gewaltlosigkeit auf.

(...)

Diese Bewegung ist eine Bewegung, die auf dem Glauben an die Zukunft beruht. Sie beruht auf der Überzeugung, daß die Zukunft etwas Reales und Sinnvolles entstehen lassen kann. Es ist eine Bewegung, die auf Hoffnung beruht. Das halte ich für sehr wichtig.

Die Studenten haben eine Hymne für ihre Bewegung geschaffen, vielleicht haben Sie sie bereits einmal gehört. Sie lautet in etwa folgendermaßen: „Wir werden [die Rassentrennung] überwinden (we shall overcome). Tief in meinem Herzen glaube ich: Wir werden [die Rassentrennung] überwinden." Daher ist es in ihrem festen Glauben an die Zukunft begründet, daß sie in der Lage sind, hinauszugehen, die Versammlungen der Verzweiflung zu beenden und neues Licht in die finsteren Gelasse des Pessimismus zu tragen.

Ich erinnere mich an die Male, die wir zusammen waren. Ich erinnere mich an jene Nacht in Montgomery/Alabama, als wir die ganze Nacht aufblieben und über „Freiheitsfahrten" (freedom rides) diskutierten und uns am Morgen klar wurde, daß es notwendig war, die „Freiheitsfahrten" fortzusetzen, und daß wir an diesem Punkt nicht guten Gewissens das Ende der „Freiheitsfahrten" ausrufen konnten. Ich erinnere mich noch, wie die erste Gruppe sich bereit machte, aufzubrechen und mit einem Bus nach Jackson in Mississippi zu fahren, und wir alle uns die Hände reichten und zu singen begannen: „We shall overcome, we shall overcome." Und ich fragte mich, wie es kommt, daß diese Studenten und Studentinnen das singen können? Die fahren nach Mississippi und werden dort einem feindseligen und johlenden Mob gegenüberstehen – und trotzdem konnten sie singen: „We shall overcome". Den meisten von ihnen war bewußt, daß sie ins Gefängnis geworfen würden – und trotzdem konnten sie singen: „We shall overcome. Wir haben keine Furcht."

In jenem Moment gab es etwas, das mich die wahre Bedeutung der Bewegung erkennen ließ: daß die Studenten und Studentinnen einen Glauben an die Zukunft hatten. Daß die Bewegung von Hoffnung getragen war; daß diese Bewegung etwas in sich barg, das irgendwie ausrückte: Auch wenn der Bogen des moralischen Universums lang ist, er neigt sich der Gerechtigkeit zu. Ich denke, dies sollte eine Herausforderung für alle sein, die sich darum bemühen, die bestehenden Mißklänge in unserem Süden in eine wundervolle Symphonie der Brüderlichkeit zu verwandeln. In dieser Studentenbewegung gibt es etwas, das uns sagt, daß wir die Rassentrennung überwinden werden. Bevor der Sieg errungen sein wird, werden einige wohl Narben davontragen, aber wir werden die Rassentrennung überwinden. Bevor der Sieg der Brüderlichkeit errungen worden ist, werden manche wohl mit dem Tod rechnen müssen, aber wir werden die Rassentrennung trotzdem überwinden. Bevor der Sieg errungen sein wird, werden manche ihren Arbeitsplatz verlieren, andere als Kommunisten oder Rote diffamiert werden, und das nur, weil sie an Brüderlichkeit glauben, und einige werden als gefährliche Volksverhetzer und Agitatoren beschimpft werden, und das nur, weil sie für das eintreten, was recht ist, und trotzdem werden wir die Rassentrennung überwinden.

Verpflichtung zur Gewaltlosigkeit*

Gegen Ende der Massenversammlungen pflegten Abernathy, Shuttlesworth oder ich einen Appell nach Freiwilligen zum Dienst in unserer gewaltlosen Armee zu verkünden. Wir erläuterten, daß wir niemanden zu Demonstrationen ausschicken würden, der nicht sich selbst und uns davon überzeugt hatte, daß er Gewalt erdulden und aushalten konnte, ohne sich zu rächen. Gleichzeitig ersuchten wir die Freiwilligen, alle Waffen, die sie etwa mit sich trugen, abzulegen. Hunderte meldeten sich auf diese Aufrufe. Manche von ihnen, die Federmesser, Pfadfindermesser und viele andere Arten von Messern trugen, hatten diese nicht, weil sie sie gegen die Polizei oder andere Angreifer benutzen wollten, sondern um sich gegen Connors Hunde zu verteidigen. Wir bewiesen ihnen, daß wir keine Waffen brauchten – nicht einmal einen Zahnstocher. Wir bewiesen, daß wir die wirksamste aller Waffen besaßen, nämlich die Überzeugung, im Recht zu sein. Unser Schutz bestand darin, zu wissen, daß es uns mehr darum ging, unsere rechtmäßigen Ziele zu verwirklichen, als darum, unsere Haut zu retten. Der Teil unserer Massenversammlungen, in dem wir Freiwillige aufriefen, war jenen Szenen sehr ähnlich, die sich jeden Sonntag in den Negerkirchen abspielen, wenn der Pfarrer die Anwesenden auffordert, in der Kirche tätig zu werden. In Gruppen von zwanzig, dreißig und vierzig kamen die Menschen nach vorne, um sich unserer Armee anzuschließen. Wir zögerten nicht, unsere Bewegung eine „Armee" zu nennen. Aber sie war eine

---

* King bezieht sich hier auf die gewaltlosen Aktionen gegen die Rassentrennung in Birmingham/Alabama im Jahr 1963

Armee besonderer Art, mit keiner anderen Ausrüstung als ihrer Aufrichtigkeit, keiner Uniform außer ihrer Entschlossenheit, keinem Waffenarsenal außer ihrem Glauben, keiner Währung außer ihrem Gewissen. Sie war eine Armee, die vorrückte, aber keine Unbill zufügte, die angriff, aber nicht wankte, eine Armee, die sang, aber nicht tötete. Sie war eine Armee, die die Bastionen des Hasses stürmte, die Festungen der Rassentrennung belagerte und Symbole der Diskriminierung umzingelte. Diese Armee hatte Gott den Treueid geschworen, und ihre Strategie und ihre Intelligenz waren auf einfache Weise vom Gewissen geprägt.

Als die Versammlungen weitergingen und die Schlacht um die Seele von Birmingham lebhafter wurde und die Aufmerksamkeit der Welt auf sich zog, wurden die Versammlungen besser besucht und die Zahl der Freiwilligen wuchs. Männer, Frauen und Kinder kamen nach vorne, um uns die Hände zu schütteln, und gingen dann zurück in die Kirche, wo der Führungs-Ausbildungs-Ausschuß einen Termin für die nächsten Tage mit ihnen vereinbarte, an dem sie in unser Büro zur Überprüfung und zur intensiven Ausbildung kommen sollten.

Das Schwergewicht dieser Übungsstunden lag auf den dem Leben nachempfundenen Spielszenen, mit denen wir die Demonstranten auf einige der Prüfungen vorbereiteten, die auf sie warteten. Die rauhe Sprache und die körperlichen Mißhandlungen der Polizisten und derer, die sich selbst zu Hütern des Gesetzes ernannt hatten, wurden in aller Offenheit gezeigt, ebenso die praktische Anwendung des gewaltlosen Glaubensbekenntnisses: ohne Bitterkeit auszuharren, beschimpft zu werden, ohne zu antworten, geschlagen zu werden und nicht zurückzuschlagen. (...)

Nicht alle, die sich als Freiwillige meldeten, konnten unsere strengen Prüfungen für den Dienst als Demonstranten bestehen. Aber es gab ja so vieles zu tun, weit über den dramatischen Akt, seinen Körper in den Märschen Gefahren auszusetzen, hinaus. Da gab es Botengänge zu erledigen, Telefongespräche zu führen, Texte zu tippen und vieles andere mehr. Wenn ein Freiwilliger nicht zum Marschieren geeignet war, wurde er auf verschiedenste Weise eingesetzt, um der Bewegung zu helfen. Jeder Freiwillige mußte eine Verpflichtung unterschreiben, die folgenden Wortlaut hatte:

Ich verpflichte mich – meine Person und meinen Körper – der gewaltlosen Bewegung. Ich werde die folgenden zehn Gebote einhalten:

1. Jeden Tag über die Lehren und das Leben Jesu nachzudenken.
2. Nie zu vergessen, daß die gewaltlose Bewegung in Birmingham Gerechtigkeit und Versöhnung sucht, nicht den Sieg.
3. Im Geiste der Liebe zu gehen und zu sprechen, denn Gott ist die Liebe.
4. Täglich zu Gott zu beten, daß er mich dazu benutzen möge, allen Menschen zur Freiheit zu verhelfen.
5. Persönliche Wünsche zu opfern, um allen Menschen zur Freiheit zu verhelfen.
6. Im Umgang mit Freund und Feind die Regeln der Höflichkeit zu beachten.
7. Danach zu trachten, ständig anderen und der Welt zu dienen.
8. Mich der Gewalttätigkeit der Faust, der Zunge und des Herzens zu enthalten.
9. Mich zu bemühen, in geistiger und körperlicher Gesundheit zu leben.
10. Den Anweisungen der Bewegung und des Leiters einer Demonstration zu folgen.

Ich unterzeichne diese Verpflichtung, nachdem ich ernsthaft überlegt habe, was ich tue, und bin entschlossen und gewillt auszuhalten.

Name ______________________________

Adresse ______________________________

Telefonnummer ______________________________

Nächster Angehöriger ______________________________

Dessen Adresse ______________________________

Außer durch Demonstrationen könnte ich der Bewegung noch helfen durch (Entsprechendes ankreuzen):

Botengänge machen, Autofahren, Mahlzeiten für Freiwillige zubereiten, kirchliche Arbeit, Telefongespräche führen, Telefongespräche entgegennehmen, Vervielfältigungen anfertigen, Maschinenschreiben, Schilder malen, Zettel verteilen.

Die Zeit für schöpferischen Protest ist gekommen – Brief aus dem Gefängnis in Birmingham*

Martin Luther King, jr.
Birmingham City Jail
April 16, 1963

Bishop C. C. J. Carpenter
Bishop Joseph A. Durick
Rabbi Hilton L. Grafman
Bishop Paul Hardin
Bishop Holan B. Harmon
The Rev. George M. Murray
The Rev. Edward V. Ramage
The Rev. Earl Stallings

Meine lieben Amtsbrüder!

Hier im Gefängnis von Birmingham kam mir Ihr Schreiben in die Hände, in dem Sie unsere augenblicklichen Aktionen als ‚unklug und zeitlich ungelegen' bezeichnen. Ich halte mich selten – wenn überhaupt – damit auf, kritische Äuße-

* 1963 führte die Bürgerrechtsbewegung Aktionen gegen die rigorose Rassentrennung in öffentlichen Einrichtungen der Stadt Birmingham, Alabama, durch. Die Stadtverwaltung erreichte eine gerichtliche Verfügung gegen die gewaltlosen Demonstrationen. Martin Luther King und sein Freund Pastor Ralph Abernathy widersetzten sich der Verfügung und wurden am Karfreitag, dem 12. April verhaftet. Es war Kings 13. Verhaftung seit dem Busboykott in Montgomery. Acht Geistliche aus Birmingham – Pastoren, Priester, Rabbiner – hatten in einem öffentlichen „Aufruf zu Gesetz und Ordnung und Vernunft" die gewaltlosen Protestaktionen als „unklug und zeitlich ungünstig" verurteilt und die weißen Polizisten gelobt. King antwortete ihnen mit dem „Brief aus dem Gefängnis von Birmingham". Weil er vom Gefängniswärter kein Schreibpapier erhielt, schrieb er auf dem Rand von Zeitungen, Fetzen von Toilettenpapier und der Rückseite von Briefumschlägen. Es gelang ihm, diese Briefstücke aus dem Gefängnis zu schmuggeln. Als er nach acht Tagen aus dem Gefängnis entlassen wurde, waren bereits fast eine Million Exemplare des Briefes im Umlauf, den er am 16. April abgeschlossen hatte.

rungen über mein Tun und Denken zu beantworten. Wenn ich das wollte, kämen meine Sekretäre kaum noch zu etwas anderem, und mir bliebe keine Zeit für konstruktive Arbeit. Da ich aber glaube, daß Sie Männer guten Willens sind und da Sie Ihre Kritik offen und ehrlich ausgesprochen haben, möchte ich versuchen, Ihnen ohne Empfindlichkeit eine sachliche Antwort zu geben.

Zunächst will ich Ihnen erklären, warum ich mich in Birmingham aufhalte; denn Sie scheinen auch der Meinung zu sein, daß ich hier ein ‚Eindringling' sei. Ich habe die Ehre, Präsident der Christlichen Führungskonferenz des Südens (Southern Christian Leadership Conference) zu sein, einer Organisation, die in allen Südstaaten vertreten ist und ihre Zentrale in Atlanta/Georgia hat. Wir haben hin und her im Süden etwa fünfundachtzig angeschlossene Organisationen, mit denen wir, wenn irgend möglich, oder notwendig, Personal, Bildungsmaterial und finanzielle Mittel teilen. Eine davon ist die Christliche Bewegung für Menschenrechte. Vor einigen Monaten bat uns unsere Zweigorganisation hier in Birmingham, uns für eine gewaltlose direct action* bereitzuhalten. Wir sagten ihnen das fest zu, und als die Stunde kam, lösten wir unser Versprechen ein. So bin ich mit mehreren Mitgliedern meines Stabes hier, weil wir eingeladen sind. Ich bin wegen meiner organisatorischen Aufgabe hier. Außerdem bin ich in Birmingham, weil hier die Ungerechtigkeit herrscht. Wie die Propheten des achten vorchristlichen Jahrhunderts ihre Dörfer verließen, um das Wort des Herrn weit über die Grenzen ihres Heimatortes hinauszutragen; wie der Apostel Paulus Tarsus verließ, um die Frohe Botschaft von Jesus Christus in allen Dörfern und Städten der griechisch-römischen Welt zu verkünden, so drängt es auch mich, denen, die außerhalb meiner Heimatstadt leben, das Evangelium von der Freiheit zu bringen. Wie Paulus, so muß auch ich immer wieder dem mazedonischen Ruf um Hilfe folgen.

---

* direct action meint direktes (unmittelbares) Vorgehen durch Demonstrationen, Sitzstreiks usw. im Unterschied zu einem Vorgehen auf dem Verhandlungswege.

Zudem weiß ich um die engen Beziehungen, die zwischen allen Städten und Staaten bestehen. Ich kann nicht untätig in Atlanta herumsitzen, ohne mich darum zu kümmern, was in Birmingham geschieht. Wenn irgendwo Unrecht geschieht, ist überall die Gerechtigkeit in Gefahr. Wir sind in einem Netz wechselseitiger Beziehungen gefangen, aus dem wir nicht mehr entrinnen können. Uns alle hüllt dasselbe Gewand des Schicksals ein. Was den einen unmittelbar berührt, berührt mittelbar auch alle anderen. Wir können es uns heute nicht mehr leisten, in einer so engherzigen, altmodischen Vorstellung wie der vom ‚fremden Agitator' befangen zu sein. Wer in den Vereinigten Staaten lebt, kann in diesem Land nirgends als ‚Fremdling' angesehen werden.

Sie bedauern die Demonstrationen, die augenblicklich in Birmingham stattfinden. Aber leider bedauern Sie nicht auch die Umstände, die zu diesen Demonstrationen führten. Sie wollen sich doch gewiß alle über den Stand eines oberflächlichen Sozialanalytikers erheben, der nur auf die Wirkungen sieht, sich aber mit ihren Ursachen nicht auseinandersetzt. Ich gebe ohne weiteres zu, daß es eine unglückselige Sache ist, daß sogenannte Demonstrationen in Birmingham stattfinden. Aber noch unglückseliger finde ich es, daß die Vormachtstellung der Weißen in dieser Stadt den Negern keine andere Wahl ließ.

Bei jedem gewaltlosen Feldzug gibt es grundsätzlich vier Stufen:

1. Sammlung von Tatsachenmaterial zur Feststellung von Ungerechtigkeiten,
2. Verhandlung,
3. Selbstreinigung,
4. Direct action.

In Birmingham haben wir diese vier Stufen durchlaufen. Niemand kann leugnen, daß die Rassenungerechtigkeit diese Stadt dem Abgrund zutreibt. Birmingham ist wahrscheinlich die Stadt in den Vereinigten Staaten, in der die Rassentrennung am vollkommensten durchgeführt wird. Im ganzen Lande weiß man, daß sie den häßlichen Rekord an polizeilicher Brutalität hält. Die ungerechte Behandlung der Neger durch ihre Gerichte ist berüchtigt. In Birmingham hat es mehr unaufgeklärte Bombenanschläge auf Negerhäuser und -kirchen gegeben als in irgendeiner anderen Stadt. Das sind die harten, unglaublichen Tatsachen. Auf Grund dieser Zustände haben die Negerführer mit den Stadtvätern zu verhandeln versucht. Aber die politischen Führer haben sich durchweg geweigert, sich in ehrliche Verhandlungen einzulassen.

Dann bot sich im September vergangenen Jahres die Gelegenheit zum Gespräch mit einigen Wirtschaftsführern der Stadt. Im Laufe der Verhandlungen machten die Geschäftsleute gewisse Versprechungen, so zum Beispiel die, daß sie die verletzenden Rassenschilder von den Läden entfernen wollten. Auf diese Versprechungen hin beschlossen Rev. Shuttlesworth und die Führer der Christlichen Bewegung für Menschenrechte, alle Demonstrationen einzustellen. Wochen und Monate vergingen, bis wir erkannten, daß wir das Opfer uneingelöster Versprechen geworden waren. Die Schilder an den Läden blieben. Wie schon so oft, sahen wir auch jetzt wieder unsere Hoffnungen zunichte gemacht, und die dunklen Schatten tiefer Enttäuschung fielen über uns. So blieb uns keine andere Wahl, als eine direct action einzuleiten, bei der wir unsere ganze Person einsetzten, um dadurch das Gewissen unserer Mitbürger und unseres Volkes wachzurütteln. Wir waren uns der damit verbundenen Schwierigkeiten bewußt. Daher beschlossen wir, uns einem Prozeß der Selbstreinigung zu unterziehen. Wir führten Arbeitskreise ein, in denen wir über den gewaltlosen Widerstand diskutierten und uns immer wieder die Fragen vorlegten: „Kann ich Schläge hinnehmen, ohne zurückzuschlagen?" – „Kann ich die Prüfungen einer Einkerkerung ertragen?"

Wir beschlossen, unsere direct action in die Zeit um Ostern zu legen, weil da – abgesehen von der Weihnachtszeit – die meisten Einkäufe gemacht werden. Da anzunehmen war, daß die direct action einen starken Rückgang der Geschäftsabschlüsse mit sich bringen würde, glaubten wir, daß dies die günstigste Zeit sei, um durch einen Druck auf die Geschäftsleute eine Änderung der Verhältnisse herbeizuführen. Da fiel uns ein, daß die Märzwahl bevorstand, und so entschlossen wir uns eiligst, die Aktion bis nach der Wahl zu verschieben. Als wir entdeckten, daß Mr. Connor auf der Wahlliste stand, schoben wir die Aktion noch einmal auf, damit die Demonstrationen nicht dazu mißbraucht werden konnten, das Wahlergebnis zu verschleiern. Damals einigten wir uns, erst einen Tag nach der Wahl mit unserem Zeugnis der Gewaltlosigkeit zu beginnen.

Das beweist, daß wir nicht verantwortungslos in die direct action hineingingen. Auch uns lag sehr daran, daß Mr. Connor eine Niederlage erlitt. So verschoben wir unsere Aktion immer und immer wieder, um damit der Stadt in ihrer Not zu helfen. Schließlich aber glaubten wir, sie nicht mehr hinausschieben zu dürfen.

Natürlich könnten Sie fragen: „Warum direct action? Warum Sitzstreiks, Aufmärsche und dergleichen? Wäre der bessere Weg nicht der der Verhandlung gewesen?“ Sie haben ganz recht damit, auf den Verhandlungsweg hinzuweisen. Gerade das ist ja der Zweck der gewaltlosen direkt action: Sie will eine Krise herbeiführen, eine schöpferische Spannung erzeugen, um damit eine Stadt, die sich bisher hartnäckig gegen Verhandlungen gesträubt hat, zu zwingen, sich mit den Problemen auseinanderzusetzen. Sie will diese Probleme so dramatisieren, daß man nicht mehr an ihnen vorbei kann. Es gehört, wie gesagt, zur Aufgabe dessen, der gewaltlosen Widerstand leistet, eine Spannung zu erzeugen. Das mag Ihnen schockierend klingen. Ich muß Ihnen aber gestehen, daß ich mich vor dem Wort Spannung nicht fürchte. Ich habe mich immer, auch in meinen Predigten, entschieden gegen gewaltsame, zerstörerische Spannungen eingesetzt. Doch es gibt eine Art konstruktiver, gewaltloser Spannungen, die für alles Wachstum erforderlich ist. So wie es Sokrates für nötig hielt, eine Spannung im Geist hervorzurufen, damit sich der

Mensch aus der knechtischen Abhängigkeit von Mythen und Halbwahrheiten in das freie Reich schöpferischer Analyse und objektiver Bestimmung der Werte erheben konnte, so müssen wir die Notwendigkeit erkennen, durch gewaltloses Handeln die Spannung in der Gesellschaft zu schaffen, die den Menschen hilft, sich aus den dunklen Tiefen des Vorurteils und des Rassenhasses zu den erhabenen Höhen der Brüderlichkeit und gegenseitigen Verstehens zu erheben. So ist es der Zweck der direct action, eine so krisengeladene Situation zu schaffen, daß sich die Tür zu Verhandlungen unweigerlich öffnet. Wir sind daher ganz Ihrer Meinung, daß verhandelt werden muß. Zu lange schon ist unser geliebter Süden in dem unheilvollen Versuch steckengeblieben, im Monolog zu leben statt im Dialog.

Eine grundlegende Feststellung in Ihrem Schreiben ist, daß unsere Aktion verfrüht sei. Verschiedentlich ist gefragt worden: „Warum habt ihr der neuen Regierung keine Zeit zum Handeln gelassen?" Ich kann darauf nur antworten, daß die neue Regierung ebenso zum Handeln angetrieben werden muß wie die alte. Es wäre ein kläglicher Irrtum, zu glauben, die Wahl von Mr. Boutwell brächte Birmingham das tausendjährige Reich. Die Haltung Mr. Boutwells ist zwar viel klarer und freundlicher als die Mr. Connors, aber beide Männer sind Anhänger der Rassentrennung, die ihre Aufgabe darin sehen, den Status quo aufrechtzuerhalten. Was ich von Mr. Boutwell erhoffe, ist, daß er vernünftig genug ist, die Nutzlosigkeit massiven Widerstandes gegen die Aufhebung der Segregation einzusehen. Aber das wird er nicht ohne den Druck von Seiten der Verfechter der Gleichberechtigung einsehen. Meine Freunde! Ich muß Ihnen sagen, daß wir ohne entschlossenen, legalen und gewaltlosen Druck auf dem Weg zur Gleichberechtigung nicht einen einzigen Schritt vorwärtsgekommen sind. Die Menschheitsgeschichte ist die lange und tragische Geschichte der Tatsache, daß Privilegierte ihre Privilegien selten freiwillig aufgeben. Der einzelne mag vielleicht das moralisch Richtige erkennen und freiwillig seine ungerechte Einstellung aufgeben; aber eine Gruppe von Menschen besitzt – wie Reinhold Niebuhr sagt – weniger moralisches Empfinden als ein einzelner.

Wir wissen aus schmerzlicher Erfahrung, daß der Unterdrücker dem Unterdrückten niemals freiwillig die Freiheit gibt. Der Unterdrückte muß sie fordern. Offen gestanden, habe ich noch nie an einer direct-action-Bewegung teilgenommen, die nach dem Zeitplan derer, die nicht unter der Qual der Segregation gelitten haben, ‚zur rechten Zeit' kam. Seit Jahren höre ich nun schon das Wort ‚warte'! Es klingt jedem Neger mit schmerzlicher Vertrautheit im Ohr. Aber mit diesem ‚warte' meinte man fast immer ‚niemals'. Es war ein Beruhigungsmittel, das für einen Augenblick den Druck erleichterte, der auf dem Gemüt lastete, aber nur, um eine Mißgeburt getäuschter Hoffnungen hervorzubringen. Wir müssen endlich erkennen, daß eine zu lange aufgeschobene Gerechtigkeit einer verweigerten Gerechtigkeit gleichkommt. Wir haben länger als 340 Jahre auf unsere verfassungsmäßigen und von Gott gegebenen Rechte gewartet. Die Völker Asiens und Afrikas rasen mit der Geschwindigkeit von Düsenflugzeugen auf das Ziel politischer Unabhängigkeit zu, wir aber kriechen noch im Tempo eines Einspänners dahin, um eine Tasse Kaffee in einer Imbißstube trinken zu dürfen.

Sicherlich ist es für die, die den quälenden Stachel der Rassentrennung nie gespürt haben, leicht, ‚warte' zu sagen. Aber wenn Sie erlebt haben, wie der brutale Mob Ihre Väter und Mütter, Ihre Brüder und Schwestern nach Laune lyncht und ertränkt; wenn Sie gesehen haben, wie haßerfüllte Polizisten ungestraft Ihre schwarzen Brüder und Schwestern beschimpfen, mit Füßen treten, mißhandeln und sogar töten; wenn Sie sehen müssen, wie der weitaus größte Teil Ihrer zwanzig Millionen schwarzen Brüder inmitten einer im Überfluß lebenden Gesellschaft in einem luftdicht abgeschlossenen Käfig der Armut erstickt; wenn Ihnen plötzlich die Zunge nicht mehr gehorcht und Sie zu stammeln anfangen bei dem Versuch, Ihrer sechsjährigen Tochter zu erklären, warum sie nicht in den öffentlichen Vergnügungspark gehen darf, für den gerade im Fernsehen Reklame gemacht wurde, und Sie in ihren Augen Tränen aufsteigen sehen, wenn sie hört, daß farbige Kinder den Park nicht betreten dürfen; wenn Sie merken, wie sich am Himmel ihres jungen Gemüts lastende Wolken der Minderwertigkeit bilden und ihr Wesen sich zu verkrampfen beginnt, weil unbewußt ein Gefühl der Bitterkeit den Weißen gegenüber in ihr aufsteigt; wenn Sie sich auf die in schmerzlicher Erregung vorgebrachte Frage Ihres fünfjährigen Söhnchens: „Papi, warum behandeln die Weißen die Schwarzen so gemein?" irgendeine Antwort ausdenken müssen; wenn Sie über Land fahren und Nacht für Nacht in einer unbequemen Ecke Ihres Autos schlafen müssen, weil kein Motel Sie aufnehmen will; wenn Sie tagein, tagaus durch die quälenden Schilder ‚Für Weiße' und ‚Für Schwarze' gedemütigt werden; wenn Sie mit Vornamen ‚Nigger' und ‚Boy' (ganz gleich wie alt Sie sind) genannt werden, und mit Zunamen ‚John'; wenn Ihre Frau oder Ihre Mutter niemals höflich mit ‚Missis' angesprochen wird; wenn Sie bei Tag und Nacht von der Tatsache gemartert und verfolgt werden, daß Sie ein Neger sind, der ständig auf dem Sprunge steht, weil er nie weiß, was der nächste Augenblick bringt, und der innerlich von Furcht und äußerlich von Haß gequält wird; wenn Sie immer und immer wieder gegen das erniedrigende Gefühl ankämpfen müssen, ‚niemand zu sein' – dann werden Sie verstehen, warum es uns so schwer fällt zu warten. Es kommt eine Zeit, wo das Maß des Erträglichen überläuft und der Mensch nicht länger gewillt ist, sich in Abgründe der Ungerechtigkeit stoßen zu lassen, in denen ihn die Finsternis und Leere zermürbender Verzweiflung umgibt. Ich hoffe, meine Herren, Sie können nun unsere berechtigte und nicht mehr zu unterdrückende Ungeduld verstehen.

Sie zeigen sich sehr besorgt darüber, daß wir die Absicht haben, Gesetze zu brechen. Das ist bestimmt eine berechtigte Sorge. Da wir die Leute so eifrig auffordern, dem Beschluß des Obersten Bundesgerichts vom Jahre 1954 zu gehorchen und die Rassentrennung in den öffentlichen Schulen aufzuheben, ist es ziemlich merkwürdig und paradox, daß Sie nun in uns bewußte Gesetzesbrecher finden. Sie werden vielleicht fragen: „Wie können Sie es rechtfertigen, einige Gesetze zu übertreten und anderen zu gehorchen?" Das liegt einfach daran, daß es zwei Arten von Gesetzen gibt, gerechte und ungerechte. Ich möchte mit Augustin sagen: „Ein ungerechtes Gesetz ist kein Gesetz." Wo liegt nun der Unterschied zwischen beiden? Wie kann man erkennen, ob ein Gesetz gerecht oder ungerecht ist? Ein gerechtes Gesetz ist ein von Menschen gemachtes Gesetz, das mit dem Gesetz der Moral oder dem Gesetz Gottes übereinstimmt. Ein ungerechtes Gesetz dagegen ist ein Gesetz, das mit dem Gesetz der Moral nicht harmoniert. Um mit Thomas von Aquin zu sprechen: „Ein ungerechtes Gesetz ist ein menschliches Gesetz, das nicht im Gesetz des Ewigen und der Natur verwurzelt ist. Jedes Gesetz, das die menschliche Persönlichkeit erniedrigt, ist ungerecht." Alle Rassentrennungsgesetze sind ungerecht, weil die Rassentrennung der Seele und dem Charakter des Menschen Schaden zufügt. Sie gibt ihren Verfechtern ein falsches Gefühl der Überlegenheit und ihren Opfern ein falsches Gefühl der Minderwertigkeit. Martin Buber, der große jüdische Philosoph, sagt, daß die Segregation an Stelle der Ich-Du-Beziehung eine Ich-Es-Beziehung setzt und schließlich den Menschen zu einer Sache herabwürdigt. Die Rassentrennung ist also nicht nur vom politischen, wirtschaftlichen und soziologischen Standpunkt aus ungesund, sie ist moralisch falsch und sündhaft. Paul Tillich hat einmal gesagt, Sünde sei Absonderung. Ist nicht die Segregation ein sichtbarer Ausdruck der tragischen Absonderung des Menschen, ein Ausdruck seiner furchtbaren Entfremdung, seiner schrecklichen Sündhaftigkeit? So kann ich die Menschen auffordern, dem Beschluß des Obersten Bundesgerichtes vom Jahre 1954 zu gehorchen, weil er moralisch richtig ist, und ich kann sie auffordern, die Segregationsbestimmungen nicht zu befolgen, weil sie moralisch falsch sind.

Wir wollen uns einmal einem konkreten Beispiel für gerechte und ungerechte Gesetze zuwenden. Ein ungerechtes Gesetz ist ein Gesetz, das eine Mehrheit einer Minderheit auferlegt und an das sie sich selbst nicht gebunden fühlt. Damit wird die *unterschiedliche* Behandlung von Menschen legalisiert. Ein gerechtes Gesetz ist ein Gesetz, das eine Mehrheit einer Minderheit auferlegt und das sie selbst zu befolgen gewillt ist. Damit wird die *gleiche* Behandlung von Menschen legalisiert.

Lassen Sie mich noch eine andere Erklärung geben. Ein ungerechtes Gesetz ist ein einer Minderheit diktiertes Gesetz, an dem diese Minderheit nicht mitwirken konnte, weil sie nicht das Recht hatte zu wählen. Wer wollte behaupten, die gesetzgebende Körperschaft von Alabama, die die Rassentrennungsgesetze aufstellte, wäre demokratisch gewählt? Im Staate Alabama duldet man stillschweigend alle möglichen Methoden, um die Neger daran zu hindern, sich in die Wahllisten eintragen zu lassen. Und es gibt Wahlkreise, in denen nicht ein einziger Neger registriert ist, obwohl die Mehrzahl der Bevölkerung Neger sind. Kann denn in solch einem Staat irgendein Gesetz demokratisch genannt werden?

Das sind nur ein paar Beispiele für ungerechte und gerechte Gesetze. Es gibt Fälle, wo ein Gesetz gerecht zu sein scheint, in seiner praktischen Anwendung aber ungerecht ist. So wurde ich zum Beispiel am Freitag verhaftet, weil ich für unsere Demonstration keine Genehmigung eingeholt hatte. Nun ist an einer Vorschrift, nach der für eine Demonstration eine Genehmigung erforderlich ist, durchaus nichts Unrechtes. Wenn diese Vorschrift aber dazu benutzt wird, die Rassentrennung aufrechtzuerhalten und Staatsbürgern das ihnen durch die Verfassung gewährleistete Recht friedlicher Versammlung und friedlichen Protestes zu verweigern, dann ist sie ungerecht.

Ich hoffe, Ihnen den Unterschied, um den es mir geht, deutlich gemacht zu haben. Ich will mich nicht etwa wie ein wütender Verfechter der Rassentrennung dafür einsetzen, daß man Gesetze umgeht oder sich ihnen widersetzt. Das würde unweigerlich zur Anarchie führen. Wer ein ungerechtes Gesetz brechen will, muß es offen, in brüderlicher Liebe tun und in der Bereitschaft, die Strafe dafür auf sich zu nehmen (nicht gehässig wie die weißen Mütter in New Orleans, die man im Fernsehen „Nigger, Nigger, Nigger" schreien hörte). Ich behaupte, daß der die größte Hochachtung vor dem Gesetz zeigt, der ein Gesetz bricht, das ihm vor seinem Gewissen ungerecht erscheint, und bereitwillig die Strafe auf sich nimmt und ins Gefängnis geht, um damit das Gewissen seiner Mitbürger wachzurütteln und ihnen die Augen für die Ungerechtigkeit dieses Gesetzes zu öffnen.

Natürlich ist diese Art des bürgerlichen Ungehorsams nichts Neues. Wir haben ein leuchtendes Beispiel dafür in Sadrach, Mesach und Abed-Nego, die sich weigerten, dem Gesetz Nebukadnezars zu gehorchen, da sie sich einem höheren Gesetz unterworfen fühlten. Ein besonders eindrucksvolles Beispiel finden wir auch bei den frühen Christen, die sich lieber der Wut hungriger Löwen und der Qual der Folter aussetzten, als sich bestimmten ungerechten Gesetzen des Römischen Reiches zu unterwerfen. Und bis zu einem gewissen Grade ist es Sokrates' bürgerlichem Ungehorsam zu verdanken, daß wir heute so etwas wie eine akademische Freiheit haben.

Wir dürfen niemals vergessen, daß alles, was Hitler in Deutschland tat, ‚legal' und alles, was die ungarischen Freiheitskämpfer in Ungarn taten, ‚illegal' war.

Im Hitlerdeutschland war es ‚ungesetzlich', einem Juden zu helfen. Aber ich hätte sicherlich meinen jüdischen Brüdern trotzdem beigestanden, wenn ich damals in Deutschland gewesen wäre. Wenn ich heute in einem kommunistischen Lande lebte, in dem gewisse dem christlichen Glauben wertvolle Grundsätze bekämpft werden, so würde ich, glaube ich, offen dazu auffordern, solchen antireligiösen Gesetzen nicht zu gehorchen.

Ich will Ihnen, meine christlichen und jüdischen Brüder, zwei Geständnisse machen. Als erstes muß ich bekennen, daß ich in den letzten Jahren von den gemäßigten Weißen zutiefst enttäuscht wurde. Ich bin beinahe zu dem Schluß gekommen, daß das große Hindernis auf dem Wege des Negers in die Freiheit nicht der Weiße Bürgerrat oder der Ku-Klux-

Klan ist, sondern der gemäßigte Weiße, dem ‚Ordnung' mehr bedeutet als Gerechtigkeit, der einen negativen Frieden, in dem es keine Spannungen gibt, einem positiven Frieden, in dem Gerechtigkeit herrscht, vorzieht; der ständig sagt: „Mit Ihrem Ziel bin ich völlig einverstanden, nicht aber mit Ihren Methoden der direct action"; der meint, in väterlicher Fürsorge die rechte Zeit für die Freiheit eines anderen bestimmen zu müssen; der dem Neger immer wieder rät, einen ‚passenderen Zeitpunkt' abzuwarten. Oberflächliches Verständnis bei Menschen, die guten Willens sind, ist entmutigender als absolutes Mißverständnis bei Menschen bösen Willens. Lauwarme Anerkennung ist irreführender als völlige Ablehnung.

Ich hatte gehofft, die gemäßigten Weißen würden verstehen, daß das Gesetz dazu da ist, die Gerechtigkeit durchzusetzen, und daß es andernfalls zu einem gefährlichen Hindernis wird, das die Flut des sozialen Fortschritts hemmt. Ich hatte gehofft, der gemäßigte Weiße würde verstehen, daß die augenblickliche Spannung in den Südstaaten nur eine notwendige Übergangsphase ist, und zwar von einem negativen Frieden, in dem der Neger die Ungerechtigkeit teilnahmslos hinnahm, zu einem positiven Frieden, in dem alle Menschen die Würde und den Wert der menschlichen Persönlichkeit respektieren werden. Eigentlich sind wir, die wir uns an einer direct action beteiligen, nicht die, die die Spannung erzeugen. Wir bringen nur die bereits vorhandene, verborgene Spannung an die Oberfläche. Wir holen sie ans Tageslicht, damit man sie sehen und sich mit ihr befassen kann. Wie ein Furunkel, der erst heilen kann, wenn er geöffnet und mit seiner ganzen eitrigen Häßlichkeit den natürlichen Heilkräften der Luft und des Lichtes ausgesetzt wird, so muß auch die Ungerechtigkeit mit all der Spannung, die sie erzeugt, erst ans Licht des menschlichen Gewissens und an die frische Luft der öffentlichen Meinung gebracht werden, um heilen zu können.

Sie behaupten in Ihrem Brief, daß unser Vorgehen zwar friedlich, aber trotzdem verwerflich sei, weil es Gewalttätigkeiten heraufbeschworen habe. Ist diese Behauptung logisch? Heißt das nicht, den Beraubten verdammen, weil er dadurch, daß er Geld besaß, die verwerfliche Tat des Raubes heraufbeschwor? Bedeutet das nicht, Sokrates verurteilen, weil sein unerschütterliches Bekenntnis zur Wahrheit und seine philosophischen Forschungen die irregeleitete Öffentlichkeit dazu trieben, ihm den Giftbecher zu reichen? Bedeutet das nicht, Jesus verdammen, weil sein einzigartiges Gottesbewußtsein, seine nie endende Unterwerfung unter Gottes Willen die böse Tat seiner Kreuzigung heraufbeschworen? Wir müssen zu der Erkenntnis kommen, daß es – wie auch die Bundesgerichtshöfe übereinstimmend festgestellt haben – unmoralisch ist, einen Menschen zur Aufgabe seiner Bemühungen um die grundlegenden verfassungsmäßigen Rechte aufzufordern, weil diese Bemühungen Gewalttätigkeiten auslösen könnten. Die Gesellschaft muß die Beraubten schützen und die Räuber bestrafen.

Ich hatte auch gehofft, daß der gemäßigte Weiße den Mythos der Zeit als verwerflich ablehnen würde. Ich erhielt heute morgen einen Brief von einem weißen Bruder aus Texas, in dem er schreibt: „Alle Christen wissen, daß die Farbigen eines Tages die Gleichberechtigung erlangen werden. Aber gehen Sie nicht vielleicht zu weit in Ihrer religiösen Eile? Das Christentum hat zweitausend Jahre gebraucht, um zu erreichen, was es erreicht hat. Christi Lehren brauchen Zeit, um Wurzel zu fassen." Was hier gesagt ist, erwächst aus einem tragischen Mißverständnis des Begriffes ‚Zeit'. Es ist die merkwürdig unrealistische Vorstellung, daß die Zeit die Fähigkeit besäße, unweigerlich alle Übel zu heilen. Die Zeit ist aber durchaus neutral. Sie kann sowohl destruktiv als auch konstruktiv verwendet werden. Ich glaube allmählich, daß die Menschen bösen Willens ihre Zeit wesentlich nützlicher verwendet haben als die Menschen guten Willens. Unsere Generation wird eines Tages nicht nur die ätzenden Worte und schlimmen Taten der schlechten Menschen zu bereuen haben, sondern auch das furchtbare Schweigen der guten. Wir müssen erkennen lernen, daß menschlicher Fortschritt niemals auf den Rädern des Unvermeidlichen heranrollt. Er ist das Ergebnis unermüdlicher Bemühungen und beharrlichen Einsatzes von Menschen, die bereit sind, Mitarbeiter Gottes zu sein. Ohne solche Anstrengungen wird die Zeit zum Verbündeten der Kräfte des sozialen Stillstandes.

Wir müssen die Zeit schöpferisch verwenden und uns stets vor Augen halten, daß es immer rechte Zeit ist, das Rechte zu tun. Jetzt ist es Zeit, die Grundsätze der Demokratie zu verwirklichen und das Klagelied unserer Nation in eine schöpferische Hymne der Brüderlichkeit umzuwandeln. Jetzt ist es Zeit, unsere nationale Politik aus dem Treibsand der Rassenungerechtigkeit zu heben und auf den sicheren Felsen menschlicher Würde zu stellen.

Sie bezeichneten unser Vorgehen in Birmingham als extremistisch. Zuerst war ich ziemlich enttäuscht, daß Amtsbrüder meine gewaltlosen Bemühungen für die eines Extremisten ansahen. Ich machte mir Gedanken darüber, daß ich eigentlich in der Mitte zwischen zwei widerstreitenden Mächten des Negertums stehe. Die eine ist die Macht der Trägheit. Ihr sind die Neger verfallen, die infolge langjähriger Unterdrückung alle Selbstachtung und alles Selbstbewußtsein so völlig verloren haben, daß sie sich der Segregation anpaßten, und außerdem ein paar Neger des Mittelstandes, die unbewußt den Problemen der Masse gegenüber gleichgültig geworden sind, weil sie einen akademischen Grad oder wirtschaftliche Sicherheit erworben haben oder aus der Rassentrennung einen gewissen Nutzen ziehen. Die andere Macht ist die der Bitterkeit und des Hasses, die einem Ja zur Gewaltanwendung gefährlich nahekommt. Sie findet ihren Ausdruck in den verschiedenen schwarzen Nationalistengruppen, die überall im Lande entstehen und deren bekannteste die Muslimbewegung von Elijah Muhammad ist. Diese Bewegung wird von der Enttäuschung über das Fortbestehen der Rassendiskriminierung genährt. Sie besteht aus Menschen, die den Glauben an Amerika verloren haben, vom Christentum absolut nichts wissen wollen und zu dem Schluß gekommen sind, daß der weiße Mensch ein ‚Teufel' ist. Ich habe nun erklärt, daß wir weder mit der ‚Nichtstuerei' der Trägen noch mit dem Haß und der Verzweiflung der schwarzen Nationalisten etwas zu tun haben wollen. Es gibt noch einen besseren Weg, den der Liebe und des gewaltlosen Protestes. Ich danke Gott, daß durch die Negerkirche der Begriff der Gewaltlosigkeit in unseren Kampf hineingetragen wurde. Ich bin überzeugt, daß heute Ströme von Blut durch die Städte des Südens fließen würden, wenn dies nicht geschehen wäre. Und ich bin ebenso überzeugt, daß Millionen von Negern aus Enttäuschung und Verzweiflung in den Ideologien schwarzer Nationalisten Trost und Sicherheit suchen werden, wenn unsere weißen Brüder uns als ‚Aufrührer' und ‚fremde Agitatoren' abtun und sich weigern, unsere gewaltlosen Methoden zu unterstützen. Das würde auf jeden Fall zu einem entsetzlichen Alpdruck im Rassenkampf führen.

Unterdrückte können nicht immer unterdrückt bleiben. Irgendwann wird der Drang nach Freiheit erwachen. So ist es dem amerikanischen Neger ergangen. Irgend etwas in seinem Innern hat ihn an sein angestammtes Recht auf Freiheit gemahnt. Und irgend etwas von außen hat ihn daran gemahnt, daß er dieses Recht auf Freiheit gewinnen könnte. Bewußt und unbewußt ist er von etwas ergriffen worden, was die Deutschen den Zeitgeist nennen, und er eilt nun zusammen mit seinen braunen und gelben Brüdern in Asien, Südamerika und auf den Karibischen Inseln auf das verheißene Land der Rassengerechtigkeit zu. Dieses vitale Drängen, das über die Neger gekommen ist, sollte man erkennen und von daher die öffentlichen Demonstrationen zu verstehen suchen. Der Neger ist voll verhaltener Ressentiments und verborgener Enttäuschungen. Er muß sich davon befreien. Deshalb laßt ihn doch manchmal marschieren! Laßt ihn seine Pilgerzüge zum Rathaus machen, versteht, warum er Sitzstreiks und Freiheitskundgebungen braucht. Wenn er seinen unterdrückten Gefühlen nicht auf diese gewaltlose Weise Luft machen darf, werden sie sich in Gewaltausbrüchen äußern. Das ist keine Drohung. Es ist eine geschichtliche Tatsache. Daher habe ich nicht zu meinen schwarzen Brüdern gesagt: „Macht euch frei von eurer Unzufriedenheit", sondern ich habe ihnen klarzumachen versucht, daß diese normale und gesunde Unzufriedenheit durch gewaltlose direct action in andere, schöpferische Bahnen gelenkt werden kann. Deshalb nennen Sie mich nun einen Extremisten! Ich muß gestehen, daß ich darüber zunächst bitter enttäuscht war.

Als ich aber weiter darüber nachdachte, erfüllte es mich mit einer gewissen Genugtuung, ein Extremist genannt zu werden. War nicht Jesus ein Extremist der Liebe? „Liebet eure Feinde; segnet, die euch fluchen; tut wohl denen, die euch hassen." War nicht Amos ein Extremist der Gerechtigkeit? „Es soll aber das Recht offenbart werden wie Wasser und die Gerechtigkeit wie ein starker Strom." War nicht Paulus ein Extremist der Lehre Jesu Christi? „Ich trage die Malzeichen Jesu an meinem Leibe." War nicht Martin Luther ein Extremist? „Hier stehe ich, ich kann nicht anders, Gott helfe mir." War nicht John Bunyan ein Extremist? „Ehe ich aus meinem Gewissen eine Mördergrube mache, will ich lieber bis ans Ende meiner Tage im Gefängnis bleiben." War nicht Abraham Lincoln ein Extremist? „Diese Nation kann nicht weiterleben – zur Hälfte Sklaven, zur Hälfte Freie." Und war nicht auch Thomas Jefferson ein Extremist? „Wir halten es für selbstverständlich, daß alle Menschen gleich geschaffen sind." Es geht also nicht darum, ob wir Extremisten sind, sondern was für Extremisten wir sind. Sind wir Extremisten des Hasses oder der Liebe? Sind wir Extremisten, die die Ungerechtigkeit aufrechterhalten wollen, oder sind wir Extremisten der Gerechtigkeit? In jenem dramatischen Geschehen auf Golgatha wurden drei Männer gekreuzigt. Vergessen wir nicht, daß alle drei wegen des gleichen Vergehens ans Kreuz geschlagen wurden: Sie waren Extremisten. Zwei von ihnen waren Extremisten der Verderbtheit und daher tief unter ihre Mitmenschen gesunken. Einer aber, Jesus Christus, war ein Extremist der Liebe, der Wahrheit und der Güte und hatte sich dadurch weit über seine Mitmenschen erhoben. So brauchen die Südstaaten, Amerika und die Welt vielleicht doch sehr dringend schöpferische Extremisten. Ich hatte gehofft, daß die gemäßigten Weißen das erkennen würden. Vielleicht war ich zu optimistisch. Vielleicht hatte ich zuviel erwartet. Ich meine festgestellt zu haben, daß nur wenige Glieder einer Rasse, die eine andere unterdrückt hat, das tiefe Stöhnen und das leidenschaftliche Verlangen der Unterdrückten wirklich verstehen können. Und noch weniger haben den Blick dafür, daß es notwendig ist, die Ungerechtigkeit durch eine starke, beharrliche und entschlossene Aktion auszurotten. Ich bin daher dankbar, daß einige unserer weißen Brüder die Bedeutung dieser sozialen Revolution begriffen und sich ihr angeschlossen haben. Es sind noch nicht viele, dafür aber sehr wertvolle und tüchtige Menschen. Männer und Frauen wie Ralph McGill, Lillian Smith, Harry Golden und James Dabbs haben in beredten, prophetischen und verständnisvollen Worten über unseren Kampf geschrieben. Andere sind mit uns auf den unwegsamen Straßen des Südens marschiert. Sie haben in schmutzigen, mit Ungeziefer verseuchten Gefängnissen geschmachtet, beschimpft und mißhandelt von wütenden Polizisten, für die sie nur ‚dreckige Niggerfreunde' waren. Im Gegensatz zu vielen ihrer gemäßigten Brüder und Schwestern haben sie die Dringlichkeit des Augenblicks und die Notwendigkeit erkannt, das Übel der Rassentrennung mit dem Gegengift machtvoller direct action zu bekämpfen.

Lassen Sie mich schnell noch von meiner zweiten Enttäuschung sprechen. Ich bin furchtbar enttäuscht von der weißen Kirche und ihren führenden Männern. Natürlich gibt es einige bemerkenswerte Ausnahmen. Ich habe nicht vergessen, daß jeder von Ihnen eine für uns wichtige Haltung in dieser Frage eingenommen hat. Ihnen, Rev. Stallings, ein besonderes Lob, daß Sie in christlicher Gesinnung am vergangenen Sonntag in Ihrem Gottesdienst auch Neger willkommen hießen. Ein Lob auch den katholischen Führern dieses Staates, die vor mehreren Jahren das Springhill College integriert haben. Aber trotz dieser Ausnahmen muß ich noch einmal bekennen, daß ich von der Kirche enttäuscht bin. Ich sage das nicht als einer jener Kritiker, die an der Kirche immer etwas auszusetzen haben. Ich sage es als Prediger des

Evangeliums, der die Kirche liebt und ihr sein Leben lang treu bleiben wird.

Als ich vor mehreren Jahren plötzlich und völlig unerwartet in die Leitung des Bus-Protestes in Montgomery gewählt wurde, glaubte ich komischerweise, daß uns die weiße Kirche unterstützen würde. Ich glaubte, die weißen Pfarrer, Priester und Rabbiner der Südstaaten würden zu unseren stärksten Verbündeten gehören. Statt dessen waren einige von ihnen ausgesprochene Gegner, die unsere Freiheitsbewegung einfach nicht verstehen wollten und deren Führer in ein falsches Licht setzten. Und es gab nur allzu viele andere, die mehr vorsichtig als mutig waren und sich hinter der einschläfernden Sicherheit bunter Kirchenfenster nicht zu rühren wagten.

Trotz meiner damals zerstörten Träume kam ich mit der Hoffnung nach Birmingham, daß die Kirchenführer der Weißen in dieser Stadt das Gerechte unserer Sache erkennen und in tiefer, sittlicher Verantwortung unsere berechtigten Klagen an die maßgebenden Stellen weiterleiten würden. Ich hatte gehofft, daß Sie alle uns verstehen würden. Aber wieder wurde ich enttäuscht.

Ich habe gehört, wie zahlreiche führende Persönlichkeiten der Kirche in den Südstaaten die Gläubigen in ihren Gottesdiensten aufforderten, sich dem Beschluß der Aufhebung der Rassentrennung zu fügen, weil das Gesetz es so wolle. Aber ich sehnte mich danach, weiße Pfarrer sagen zu hören: „Befolgt diesen Erlaß, denn die Integration ist moralisch richtig und gut, und der Neger ist euer Bruder." Ich habe beobachtet, wie die Kirche inmitten schreiender Ungerechtigkeiten gegen die Neger abseits stand und nur fromme Belanglosigkeiten und scheinheilige Trivialitäten im Munde führte. Mitten in dem gewaltigen Kampf um die Befreiung unserer Nation von rassischer und ökonomischer Ungerechtigkeit habe ich viele Pfarrer sagen hören: „Das sind soziale Angelegenheiten, mit denen das Evangelium nichts zu tun hat." Und ich habe feststellen müssen, daß sich viele Kirchen zu einer Religion der ‚anderen' Welt bekennen, die einen merkwürdigen Trennungsstrich zwischen Körper und Seele, zwischen Geistlichem und Weltlichem zieht.

So gehen wir also auf das Ende des 20. Jahrhunderts zu mit einer Gemeinde von Gläubigen, die sich dem Status quo weitgehend angepaßt hat und gewissermaßen als Schlußlicht hinter anderen Organisationen der Bürgerschaft hermarschiert, statt den Menschen auf dem Weg zu höheren Ebenen der Gerechtigkeit voranzuleuchten.

Ich bin hin und her durch Alabama, Mississippi und all die anderen Südstaaten gereist. An glühenden Sommertagen und kühlen Herbstmorgen habe ich mir ihre schönen Kirchen angeschaut, deren Turmspitzen in den Himmel ragen. Ich habe ihre großen, eindrucksvollen theologischen Seminare gesehen. Wieder und wieder habe ich mich gefragt: „Was für Menschen kommen hier zum Gottesdienst? Wer ist ihr Gott? Wo waren ihre Stimmen, als Gouverneur Barnetts Lippen von Worten des Widerstandes gegen das Bundesgesetz überflossen? Wo waren sie, als Gouverneur Wallace das Trompetensignal zu Auflehnung und Haß gab? Wo war ihr Zuspruch, als müde, zerschlagene und erschöpfte Neger und Negerinnen den Entschluß faßten, sich aus den dunklen Verliesen der Resignation zu den lichten Höhen eines schöpferischen Protestes zu erheben?"

Ja, diese Fragen beschäftigen mich noch immer. Tief enttäuscht habe ich über die schlaffe Haltung der Kirche geweint. Aber glauben Sie mir, diese Tränen waren Tränen der Liebe. Denn nur wo tiefe Liebe ist, kann auch tiefe Enttäuschung sein. Ja, ich liebe die Kirche! Ich liebe ihre heiligen Mauern. Wie könnte es auch anders sein?

Ich bin in der ziemlich einmaligen Lage, Sohn, Enkel und Urenkel von Predigern zu sein. Ja, ich sehe die Kirche als den Leib Christi. Aber wie haben wir diesen Leib durch unsere soziale Nachlässigkeit und unsere Angst, als Nonkonformisten zu gelten, geschändet und mit Narben bedeckt!

Es gab einmal eine Zeit, wo die Kirche sehr mächtig war. Das war damals, als die Christen sich noch freuten, wenn sie für wert erachtet wurden, für ihren Glauben zu leiden. In jenen Tagen war die Kirche nicht nur ein Thermometer, das die Ideen und Grundsätze der öffentlichen Meinung anzeigte, sie war der Thermostat, der die Sitten der Gesellschaft regelte. In jeder Stadt, in die die frühen Christen kamen, wurden die Machtverhältnisse gestört, und die Machthaber versuchten sofort, sie als ‚Friedensstörer' und ‚fremde Agitatoren' zu überführen. Aber sie blieben bei ihrer Überzeugung, eine ‚Siedlung des Himmels' zu sein und Gott mehr gehorchen zu müssen als den Menschen. Ihre Zahl war klein, aber ihre Bekenntnistreue war groß. Sie waren zu ergriffen und erfüllt von Gott, um sich von der gewaltigen Zahl ihrer Gegner einschüchtern zu lassen. Sie machten uralten Übeln wie Kindermord und Gladiatorenkämpfen ein Ende.

Heute ist es anders. Die Kirche unserer Zeit ist oft nur eine schwache, wirkungslose und unsicher klingende Stimme. Nur zu oft ist sie der stützende Pfeiler des Status quo. Weit davon entfernt, durch die Gegenwart der Kirche gestört zu sein, fühlen sich die Machthaber in den meisten unserer Städte noch bestärkt durch ihre schweigende und oft sogar laut ausgesprochene Sanktionierung der bestehenden Zustände. Aber das Gericht Gottes ist über der Kirche wie nie zuvor. Wenn sie den heiligen Geist, der die frühe Kirche beseelte, nicht wiedergewinnen kann, wird sie ihre Glaubwürdigkeit verlieren, die Treue von Millionen von Gläubigen verwirken und als ein für das 20. Jahrhundert bedeutungsloser geselliger Verein abgetan werden. Ich begegne täglich jungen Menschen, deren Enttäuschung über die Kirche sich zu ausgesprochenem Ekel gesteigert hat.

Vielleicht bin ich wieder zu optimistisch gewesen. Ist die organisierte Religion zu unlösbar an den Status quo gebunden, um unsere Nation und die Welt retten zu können? Vielleicht muß ich mein Vertrauen der unsichtbaren Kirche zuwenden, der Kirche innerhalb der Kirche, als der wahren Ecclesia und Hoffnung der Welt. Aber wieder bin ich Gott dankbar, daß sich einige edle Menschen aus den Reihen der organisierten Religion von der lähmenden Kette des Mitläufertums losgerissen und sich uns als aktive Partner im Kampf für die Freiheit angeschlossen haben. Sie haben ihre sicheren Gemeinden verlassen und sind mit uns durch die Straßen von Albany/Georgia gezogen. Sie haben gefahrvolle Fahrten für die Freiheit durch die Südstaaten unternommen. Ja, sie sind mit uns ins Gefängnis gegangen. Einige sind aus ihren Kirchen ausgestoßen und von ihren Bischöfen und Amtsbrüdern im Stich gelassen worden. Aber sie sind in dem Glauben gegangen, daß der Gerechte in seiner Niederlage stärker ist als der Böse in seinem Triumph. Diese Menschen waren der Sauerteig in ihrem Volk. Ihr Zeugnis war das geistige Salz, das die Wahrheit des Evangeliums in dieser verworrenen Zeit vor dem Verderben bewahrte. Sie haben einen Tunnel der Hoffnung durch den dunklen Berg der Enttäuschung gegraben.

Ich hoffe, die Kirche als Ganzes wird die Forderung dieser entscheidenden Stunden erfüllen. Aber selbst wenn sie der Gerechtigkeit nicht zu Hilfe kommt, verzweifle ich nicht an der Zukunft. Ich bin nicht besorgt um den Ausgang unseres Kampfes in Birmingham, auch wenn unsere Motive im Augenblick mißverstanden werden. Unser Ziel ist Freiheit für Birmingham und das ganze Land, weil Freiheit das Ziel Amerikas ist. Wenn wir auch mißhandelt und verachtet werden, unser Schicksal ist mit dem Amerikas verbunden. Ehe die ersten Siedler in Plymouth landeten, waren wir hier. Ehe Jeffersons Feder die majestätischen Worte der Unabhängigkeitserklärung in die Blätter der Geschichte eintrug, waren wir hier. Über zwei Jahrhunderte arbeiteten unsere Vorväter in diesem Land ohne Lohn. Sie machten die Baumwolle zum ‚König'. Sie bauten die Häuser ihrer Herren inmitten brutaler Ungerechtigkeit und schmachvoller Erniedrigung. Und doch entfalteten und entwickelten sie sich aus einer unergründlichen Vitalität heraus weiter. Wenn uns die unsäglichen Grausamkeiten der Sklaverei nicht aufhalten konnten, wird es unseren jetzigen Gegnern ganz gewiß nicht gelingen. Wir werden die Freiheit gewinnen, weil unsere Forderungen vom ewigen Willen Gottes und vom heiligen Erbe unserer Nation getragen sind.

Ehe ich schließe, muß ich noch auf einen Punkt in Ihrem Schreiben eingehen, der mich tief betrübt hat. Sie sprechen der Polizei von Birmingham ein warmes Lob dafür aus, daß sie die ‚Ordnung aufrechterhalten' und ‚Gewalttätigkeit verhindert' habe. Sie hätten das sicher nicht getan, wenn Sie gesehen hätten, wie sechs unbewaffnete Neger von wütenden, gewalttätigen Polizeihunden buchstäblich zerbissen wurden. Und ich glaube, Sie würden auch die Polizisten nicht so schnell loben, wenn Sie wüßten, wie gemein und unmenschlich diese die Neger hier im städtischen Gefängnis behandeln; wenn Sie mit ansehen müßten, wie sie alte und junge Negerinnen herumstoßen und beschimpfen, wie sie alte und junge Neger schlagen und treten; wenn Sie wüßten, daß sie uns nun schon zum zweitenmal das Essen verweigerten, weil wir gemeinsam unser Tischgebet singen wollten. Leider kann ich in Ihr Lob der Polizei nicht mit einstimmen.

Es ist wahr, daß sie die Demonstranten in der Öffentlichkeit ziemlich diszipliniert behandelt haben. In gewissem Sinne sind sie also nach außen hin ‚gewaltlos' gewesen. Aber zu welchem Zweck? Um das böse System der Rassentrennung aufrechtzuerhalten. Während der letzten Jahre habe ich in meinen Predigten ständig betont, die Gewaltlosigkeit verlange, daß die Mittel, die wir gebrauchen, so lauter sind wie die Ziele, nach denen wir streben. So habe ich klarzumachen versucht, daß es falsch ist, unmoralische Mittel anzuwenden, um moralische Ziele zu erreichen. Aber jetzt möchte ich fast behaupten, daß es genauso falsch oder noch falscher ist, moralische Mittel anzuwenden, um unmoralische Ziele zu erreichen. Vielleicht waren Gouverneur Connor und seine Polizisten noch eher gewaltlos als Chief Prichett in Albany/Georgia. Aber sie haben das moralische Mittel der Gewaltlosigkeit angewendet, um das unmoralische Ziel schreiender Rassenungerechtigkeit aufrechtzuerhalten. T. S. Eliot hat einmal gesagt, es gäbe keinen größeren Verrat, als die richtige Tat aus dem falschen Grunde zu tun.

Ich wünschte, Sie hätten die Neger, die in Birmingham in den Sitzstreik traten und an den Demonstrationen teilnahmen, für ihren hohen Mut, ihre Leidensbereitschaft und ihre erstaunliche Disziplin inmitten der unmenschlichsten Provokationen gelobt. Eines Tages werden die Südstaaten erkennen, wer ihre wahren Helden sind. Das werden Menschen wie James Meredith sein, die mutig und zielbewußt den Hohn des feindlich gesinnten Mobs und die qualvolle Einsamkeit, die das Leben des Pioniers kennzeichnet, auf sich nehmen. Das werden alte, unterdrückte und zerschlagene Negerinnen sein wie jene 72jährige alte Frau in Montgomery, die sich entschlossen hatte, ebenso wie ihre Brüder und Schwestern die Busse nicht zu benutzen, und auf die Frage, ob sie müde sei, mit Würde antwortete: „Meine Füße sind müde, aber meine Seele ist ausgeruht." Das werden die jungen Oberschüler und Studenten sein, die jungen Prediger des Evangeliums und viele ihrer Kirchenältesten, die mutig und ohne gewalttätig zu sein, in Imbißstuben in den Sitzstreik traten und bereit waren, um ihres Gewissens willen ins Gefängnis zu gehen. Eines Tages wird der Süden erkennen, daß sich diese enterbten Kinder Gottes, als sie sich in den Imbißstuben niedersetzten, in Wirklichkeit für den amerikanischen Traum und für die heiligsten Werte unseres jüdisch-christlichen Erbes erhoben; und daß sie so unsere ganze Nation zu den reichen Brunnen der Demokratie zurückführten, die die Gründerväter in der Verfassung und der Unabhängigkeitserklärung gegraben haben.

Dies ist der längste Brief, den ich je geschrieben habe (man könnte ihn fast ein Buch nennen). Ich fürchte, er ist viel zu lang für Ihre kostbare Zeit! Ich versichere Ihnen, daß er wesentlich kürzer geworden wäre, wenn ich an einem bequemen Schreibtisch geschrieben hätte. Wenn man aber tagelang allein in der dumpfen Eintönigkeit einer engen Gefängniszelle sitzt, was kann man da schon anderes tun als lange Briefe schreiben, merkwürdige Gedanken denken und lange Gebete beten?

Wenn ich in diesem Brief irgend etwas gesagt habe, womit ich die Wahrheit übertrieben und eine unbegründete Ungeduld bewiesen habe, so bitte ich Sie um Verzeihung. Sollte ich aber in diesem Brief etwas gesagt haben, was hinter der Wahrheit zurückbleibt, und eine Geduld bewiesen haben, die sich mit weniger als Brüderlichkeit zufriedengibt, dann bitte ich Gott um Vergebung.

Hoffentlich trifft Sie dieser Brief bei starkem Glauben an. Ich hoffe auch, daß es mir die Umstände bald erlauben werden, einmal mit Ihnen zusammenzukommen, nicht als Verfechter der Integration oder als Führer im Kampf um die Gleichberechtigung, sondern als Amtsbruder und als Bruder in Christo. Wir wollen alle hoffen, daß die dunklen Wolken des Rassenvorurteils bald vorüberziehen, daß sich der dichte Nebel gegenseitigen Nichtverstehens bald von unseren verängstigten Gemeinden hebt und daß in nicht allzu ferner Zukunft die strahlenden Sterne der Liebe und Brüderlichkeit mit all ihrer funkelnden Schönheit über unserer großen Nation leuchten.

Um des Friedens und der Brüderlichkeit willen
Ihr
Martin Luther King

Ich habe einen Traum*

Ich freue mich, heute mit euch zusammen an einem Ereignis teilzunehmen, das als die größte Demonstration für die Freiheit in die Geschichte unserer Nation eingehen wird. Vor hundert Jahren unterzeichnete ein großer Amerikaner, in dessen symbolischem Schatten wir heute stehen, die Emanzipationsproklamation. Dieser bedeutsame Erlaß war ein großes Leuchtfeuer der Hoffnung für Millionen von Negersklaven, die von den Flammen vernichtender Ungerechtigkeit gebrandmarkt waren. Er kam wie ein freudiger Tagesanbruch nach der langen Nacht ihrer Gefangenschaft. Aber hundert Jahre später ist der Neger immer noch nicht frei. Hundert Jahre später ist das Leben des Negers immer noch verkrüppelt durch die Fesseln der Rassentrennung und die Ketten der Diskriminierung. Hundert Jahre später lebt der Neger auf einer einsamen Insel der Armut inmitten eines riesigen Ozeans materiellen Reichtums. Hundert Jahre später schmachtet der Neger immer noch am Rande der amerikanischen Gesellschaft und befindet sich im eigenen Land im Exil. Deshalb sind wir heute hierher gekommen, um eine schändliche Situation zu dramatisieren.

In gewissem Sinne sind wir in die Hauptstadt unseres Landes gekommen, um einen Scheck einzulösen. Als die Architekten unserer Republik die großartigen Worte der Verfassung und der Unabhängigkeitserklärung schrieben, unterzeichneten sie einen Schuldschein, zu dessen Einlösung alle Amerikaner berechtigt sein sollten. Dieser Schein enthielt das Versprechen, daß allen Menschen – ja, schwarzen Men-

* Ansprache im Rahmen des „Marsches nach Washington" gehalten am 28. August 1963 vor dem Lincoln Memorial in Washington, D. C.

schen ebenso wie weißen – die unveräußerlichen Rechte auf Leben, Freiheit und den Anspruch auf Glück garantiert würden. Es ist heute offenbar, daß Amerika seinen Verbindlichkeiten nicht nachgekommen ist, soweit es die schwarzen Bürger betrifft. Statt seine heiligen Verpflichtungen zu erfüllen, hat Amerika den Negern einen Scheck gegeben, der mit dem Vermerk zurückgekommen ist: „Keine Deckung vorhanden."

Aber wir weigern uns zu glauben, daß die Bank der Gerechtigkeit bankrott ist. Wir weigern uns zu glauben, daß es nicht genügend Gelder in den großen Stahlkammern der Gelegenheiten in diesem Land gibt.

So sind wir gekommen, diesen Scheck einzulösen, einen Scheck, der uns auf Verlangen die Reichtümer der Freiheit und die Sicherheit der Gerechtigkeit geben wird.

Wir sind auch zu dieser würdigen Stätte gekommen, um Amerika an die grimmige Notwendigkeit des Jetzt zu erinnern. Jetzt ist nicht die Zeit, wo man sich den Luxus einer „Abkühlungsperiode" leisten oder die Beruhigungsmittel langsamen, schrittweisen Fortschritts einnehmen kann. Jetzt ist es Zeit, die Versprechungen der Demokratie Wirklichkeit werden zu lassen. Jetzt ist es Zeit, aus dem dunklen und trostlosen Tal der Rassentrennung aufzubrechen und den hellen Weg der Gerechtigkeit für alle Rassen zu beschreiten. Jetzt ist es Zeit, unsere Nation aus dem Flugsand rassischer Ungerechtigkeit zu dem festen Felsen der Brüderlichkeit emporzuheben. Jetzt ist es Zeit, Gerechtigkeit für alle Kinder Gottes Wirklichkeit werden zu lassen. Es wäre verhängnisvoll für diese Nation, wenn sie nicht die Dringlichkeit der gegenwärtigen Lage wahrnehmen würde. Dieser heiße Sommer der berechtigten Unzufriedenheit des Negers wird nicht zu Ende gehen, solange nicht ein belebender Herbst der Freiheit und Gerechtigkeit begonnen hat. 1963 ist kein Ende, sondern ein Anfang. Wer hofft, der Neger werde jetzt zufrieden sein, nachdem er Dampf abgelassen hat, wird ein böses Erwachen haben, wenn die Nation wieder weitermacht wie vorher.

Es wird weder Ruhe noch Rast in Amerika geben, bis dem Neger die vollen Bürgerrechte zugebilligt werden. Die Stürme des Aufruhrs werden weiterhin die Grundfesten unserer Nation erschüttern, bis der helle Tag der Gerechtigkeit anbricht. Und das muß ich meinem Volk sagen, das an der abgenutzten Schwelle der Tür steht, die in den Palast der Gerechtigkeit führt: während wir versuchen, unseren rechtmäßigen Platz zu gewinnen, dürfen wir uns keiner unrechten Handlung schuldig machen. Laßt uns nicht aus dem Kelch der Bitterkeit und des Hasses trinken, um unseren Durst nach Freiheit zu stillen.

Wir müssen unseren Kampf stets auf der hohen Ebene der Würde und Disziplin führen. Wir dürfen unseren schöpferischen Protest nicht zu physischer Gewalt herabsinken lassen. Immer wieder müssen wir uns zu jener majestätischen Höhe erheben, auf der wir physischer Gewalt mit der Kraft der Seele entgegentreten. Der wunderbare, neue kämpferische Geist, der die Gemeinschaft der Neger erfaßt hat, darf uns nicht verleiten, allen Weißen zu mißtrauen. Denn viele unserer weißen Brüder – das beweist ihre Anwesenheit heute – sind zu der Einsicht gekommen, daß ihre Zukunft mit der unseren untrennbar verbunden ist. Sie sind zu der Einsicht gekommen, daß ihre Freiheit von unserer Freiheit nicht zu lösen ist. Wir können nicht allein marschieren. Und wenn wir marschieren, müssen wir uns verpflichten, stets weiter zu marschieren. Wir können nicht umkehren.

Es gibt Leute, die fragen diejenigen, die sich der Sache der Bürgerrechte verpflichtet fühlen: „Wann werdet ihr endlich zufriedengestellt sein?“ Wir können niemals zufriedengestellt sein, solange der Neger das Opfer der unaussprechlichen Schrecken polizeilicher Brutalität ist. Wir können nicht zufriedengestellt sein, solange unsere müden Leiber nach langer Reise in den Motels an den Landstraßen und den Hotels der großen Städte keine Unterkunft finden. Wir können nicht zufriedengestellt sein, solange die Bewegungsfreiheit der Neger in erster Linie darin besteht, von einem kleinen Getto in ein größeres zu geraten. Wir können nicht zufriedengestellt sein, solange noch unsere Kinder ihrer Freiheit und Würde beraubt werden durch Zeichen, auf denen es heißt: „Nur für Weiße". Wir können nicht zufriedengestellt sein, solange der Neger in Mississippi nicht das Stimmrecht hat und der Neger in New York niemand hat, den er wirklich wählen möchte. Nein, wir sind nicht zufriedengestellt, und wir werden nicht zufriedengestellt sein, bis das Recht strömt wie Wasser und die Gerechtigkeit wie ein mächtiger Strom.

Ich weiß wohl, daß manche unter euch hierhergekommen sind aus großer Bedrängnis und Trübsal. Einige von euch sind direkt aus engen Gefängniszellen gekommen. Einige von euch sind aus Gegenden gekommen, wo ihr aufgrund eures Verlangens nach Freiheit mitgenommen und erschüttert wurdet von den Stürmen der Verfolgung und polizeilicher Brutalität.

Ihr seid die Veteranen schöpferischen Leidens. Macht weiter und vertraut darauf, daß unverdientes Leiden erlösende Qualität hat. Geht zurück nach Mississippi, geht zurück nach Georgia, geht zurück nach Louisiana, geht zurück in die Slums und Gettos der Großstädte im Norden in dem Wissen, daß die jetzige Situation geändert werden kann und wird. Laßt uns nicht Gefallen finden am Tal der Verzweiflung.

Heute sage ich euch, meine Freunde, trotz der Schwierigkeiten von heute und morgen habe ich einen Traum. Es ist ein Traum, der tief verwurzelt ist im amerikanischen Traum. Ich habe einen Traum, daß eines Tages diese Nation sich erheben wird und der wahren Bedeutung ihres Credos gemäß leben wird: „Wir halten diese Wahrheit für selbstverständlich: daß alle Menschen gleich erschaffen sind." Ich habe einen Traum, daß eines Tages auf den roten Hügeln von Georgia die Söhne früherer Sklaven und die Söhne früherer Sklavenhalter miteinander am Tisch der Brüderlichkeit sitzen können. Ich habe einen Traum, daß sich eines Tages selbst der Staat Mississippi, ein Staat, der in der Hitze der Ungerechtigkeit und Unterdrückung verschmachtet, in eine Oase der Freiheit und Gerechtigkeit verwandelt.

Ich habe einen Traum, daß meine vier kleinen Kinder eines Tages in einer Nation leben werden, in der man sie nicht nach ihrer Hautfarbe, sondern nach ihrem Charakter beurteilen wird. Ich habe einen Traum ... Ich habe einen Traum, daß eines Tages in Alabama, mit seinen bösartigen Rassisten, mit einem Gouverneur, von dessen Lippen Worte wie „Intervention" und „Annullierung der Rassenintegration" triefen ..., daß eines Tages genau dort in Alabama kleine schwarze Jungen und Mädchen die Hände schütteln mit kleinen weißen Jungen und Mädchen als Brüder und Schwestern.

Ich habe heute einen Traum ... Ich habe einen Traum, daß eines Tages jedes Tal erhöht und jeder Hügel und Berg erniedrigt wird. Die rauhen Orte werden geglättet und die unebenen Orte begradigt werden.

Und die Herrlichkeit des Herrn wird offenbar werden, und alles Fleisch wird es sehen. Das ist unsere Hoffnung. Mit diesem Glauben kehre ich in den Süden zurück. Mit diesem Glauben werde ich fähig sein, aus dem Berg der Verzweiflung einen Stein der Hoffnung zu hauen. Mit diesem Glauben werden wir fähig sein, die schrillen Mißklänge in unserer Nation in eine wunderbare Symphonie der Brüderlichkeit zu verwandeln. Mit diesem Glauben werden wir fähig sein, zusammen zu arbeiten, zusammen zu beten, zusammen zu kämpfen, zusammen ins Gefängnis zu gehen, zusammen für die Freiheit aufzustehen, in dem Wissen, daß wir eines Tages frei sein werden.

Das wird der Tag sein, an dem alle Kinder Gottes diesem Lied eine neue Bedeutung geben können: „Mein Land, von dir, du Land der Freiheit, singe ich. Land, wo meine Väter starben, Stolz der Pilger, von allen Bergen laßt die Freiheit erschallen." Soll Amerika eine große Nation werden, dann muß dies wahr werden. So laßt die Freiheit erschallen von den gewaltigen Gipfeln New Hampshires. Laßt die Freiheit erschallen von den mächtigen Bergen New Yorks, laßt die Freiheit erschallen von den hohen Alleghenies in Pennsylvania. Laßt die Freiheit erschallen von den schneebedeckten Rocky Mountains in Colorado. Laßt die Freiheit erschallen von den geschwungenen Hängen Kaliforniens.

Aber nicht nur das, laßt die Freiheit erschallen von Georgias Stone Mountain. Laßt die Freiheit erschallen von Tennessees Lookout Mountain. Laßt die Freiheit erschallen von jedem Hügel und Maulwurfshügel Mississippis, von jeder Erhebung. Laßt die Freiheit erschallen!

Wenn wir die Freiheit erschallen lassen – wenn wir sie erschallen lassen von jeder Stadt und jedem Weiler, von jedem Staat und jeder Großstadt, dann werden wir den Tag beschleunigen können, an dem alle Kinder Gottes – schwarze und weiße Menschen, Juden und Heiden, Protestanten und Katholiken – sich die Hände reichen und die Worte des alten Negro Spiritual singen können: „Endlich frei! Endlich frei! Großer allmächtiger Gott, wir sind endlich frei!"

We shall overcome*

Eure Majestät, Eure Königliche Hoheit, Herr Präsident, Exzellenzen, meine Damen und Herren!

Ich nehme den Friedensnobelpreis zu einem Zeitpunkt entgegen, an dem 22 Millionen Neger in den USA in einen schöpferischen Kampf verwickelt sind, um die lange Nacht rassischer Ungerechtigkeit zu beenden. Ich nehme diesen Preis im Namen einer Bürgerrechtsbewegung entgegen, die entschlossen und mit großartiger Verachtung von Risiko und Gefahr aufgebrochen ist, ein Reich der Freiheit und eine Herrschaft der Gerechtigkeit aufzurichten.

Ich bin mir bewußt, daß erst gestern in Birmingham in Alabama der Ruf unserer Kinder nach brüderlicher Gemeinschaft mit Wasserwerfern und knurrenden Hunden, ja sogar mit dem Tod beantwortet wurde. Ich bin mir bewußt, daß erst gestern in Philadelphia in Mississippi junge Leute, die das Stimmrecht erlangen wollten, brutal mißhandelt und ermordet wurden.

Ich bin mir bewußt, daß schwächende und quälende Armut mein Volk plagt und es an der niedrigsten Stufe der wirtschaftlichen Leiter festkettet.

Deshalb muß ich die Frage stellen, warum dieser Preis einer Bewegung verliehen wird, die belagert ist und sich einem unnachgiebigen Kampf verpflichtet hat, einer Bewegung, die noch nicht den wahren Frieden und die brüderliche Gemeinschaft gewonnen hat, die den Sinn des Nobelpreises ausmachen.

---

* Rede anläßlich der Entgegennahme des Friedensnobelpreises am 10. Dezember 1964 in Oslo.

Wenn ich genauer darüber nachdenke, komme ich zu dem Schluß, daß dieser Preis, den ich im Namen jener Bewegung empfangen habe, nachdrücklich anerkennt, daß Gewaltlosigkeit die Antwort auf die entscheidende politische und moralische Frage unserer Zeit ist – die Notwendigkeit, daß der Mensch Unterdrückung und Gewalt überwindet, ohne zu Gewalt und Unterdrückung Zuflucht zu nehmen.

Zivilisation und Gewalt sind gegensätzliche Begriffe. Neger in den USA haben – dem indischen Volk nachfolgend – bewiesen, daß Gewaltlosigkeit nicht sterile Passivität bedeutet, sondern eine machtvolle moralische Kraft darstellt, die zu gesellschaftlichen Veränderungen führt. Früher oder später müssen alle Menschen der Welt einen Weg finden, in Frieden zusammenzuleben, um dadurch dieses über uns schwebende kosmische Klagelied in einen schöpferischen Psalm der Brüderlichkeit zu verwandeln.

Wenn das erreicht werden soll, muß der Mensch für alle menschlichen Konflikte eine Methode entwickeln, die Rache, Aggression und Vergeltung vermeidet. Die Grundlage einer solchen Methode ist die Liebe.

Der gewundene Weg, der von Montgomery in Alabama nach Oslo führte, bezeugt diese Wahrheit. Dies ist der Weg, auf dem Millionen Neger sich bewegen, um ein neues Gefühl der Würde zu finden. Derselbe Weg hat für alle Amerikaner eine neue Ära des Fortschritts und der Hoffnung eröffnet. Er hat zu einer neuen Bürgerrechtsgesetzgebung geführt, und er wird nach meiner Überzeugung verbreitert und verlängert werden zu einer Schnellstraße der Gerechtigkeit, indem Neger und Weiße in zunehmender Zahl Bündnisse eingehen, um ihre gemeinsamen Probleme zu bewältigen.

Ich nehme heute diese Auszeichnung entgegen mit einem festen Glauben an Amerika und einem kühnen Glauben an die Zukunft der Menschheit. Ich weigere mich, zu glauben, daß der „Ist-Zustand" der gegenwärtigen Natur des Menschen ihn moralisch unfähig macht, sich nach dem ewigen „Soll-Zustand" auszustrecken, mit dem er immer wieder konfrontiert ist.

Ich weigere mich zu glauben, der Mensch sei lediglich treibendes Wrack- und Strandgut im Strom des Lebens, der ihn umgibt. Ich weigere mich, die Ansicht zu übernehmen, die Menschheit sei so tragisch der sternenlosen Mitternacht des Rassismus und des Krieges verhaftet, daß der helle Tagesanbruch des Friedens und der Brüderlichkeit nie Wirklichkeit werden könne.

Ich weigere mich, die zynische Meinung zu übernehmen, eine Nation nach der anderen müsse eine militaristische Stufenleiter hinabsteigen bis in die Hölle thermonuklearer Vernichtung. Ich glaube, daß unbewaffnete Wahrheit und bedingungslose Liebe das letzte Wort in der Wirklichkeit haben werden. Das ist der Grund, warum Recht, auch wenn es vorübergehend unterliegt, stärker ist als triumphierendes Böses.

Ich glaube, daß es inmitten der heulenden Geschosse und Granatenexplosionen unserer Tage Hoffnung gibt für ein helleres Morgen. Ich glaube, daß verwundete Gerechtigkeit, die auf den bluttriefenden Straßen unserer Nation hingestreckt ist, aus dem Staub der Schande emporgehoben werden kann, um über alle Menschenkinder zu herrschen.

Ich besitze die Kühnheit zu glauben, daß Völker allerorten täglich drei Mahlzeiten für ihren Körper, Erziehung und Kultur für ihren Verstand und Würde, Gleichheit und Freiheit für ihren Geist haben können. Ich glaube, daß auf den anderen ausgerichtete Menschen wiederaufbauen können, was auf sich selbst ausgerichtete Menschen zerstört haben. Ich glaube immer noch, daß die Menschheit sich eines Tages vor Gottes Altären beugen wird und mit dem Triumph über Krieg und Blutvergießen gekrönt werden wird und gewaltloser, erlösender guter Wille seine Herrschaft über das Land ausrufen wird. „Und der Löwe und das Lamm werden einträchtig beieinander lagern. Und ein jeder wird unter seinem Weinstock und Feigenbaum wohnen, und niemand wird sie schrecken." Ich glaube immer noch, daß wir [Rassismus, Gewalt und Ungerechtigkeit] überwinden werden (we shall overcome).

Dieser Glaube kann uns den Mut verleihen, den Unsicherheiten der Zukunft ins Angesicht zu sehen. Er wird unseren müden Füßen neue Kraft geben, wenn wir weiter auf die Stadt der Freiheit zuschreiten. Wenn unsere Tage durch tiefhängende Wolken traurig und unsere Nächte dunkler als tausend Mitternächte werden, dann wissen wir, daß wir in dem schöpferischen Aufruhr leben, in dem eine echte Kultur unter Kämpfen geboren wird.

Heute komme ich nach Oslo als ein Treuhänder, begeistert und mit neuer Hingabe an die Sache der Menschlichkeit. Ich nehme diesen Preis entgegen im Namen aller Menschen, die Frieden und Brüderlichkeit lieben. Ich sage, ich komme als ein Treuhänder, denn in der Tiefe meines Herzens bin ich mir bewußt, daß diese Auszeichnung viel mehr ist als eine Ehrung für mich persönlich.

Jedesmal, wenn ich fliege, denke ich an die vielen Menschen, die eine glückliche Reise ermöglichen: die Piloten, die man kennt, und das Bodenpersonal, das man nicht kennt.

So ehren Sie die hingebungsvollen Piloten unseres Kampfes, die im Leitwerk saßen, als sich die Freiheitsbewegung in ihre Bahn erhob. Sie ehren noch einmal Häuptling Luthuli aus Südafrika, dessen Kampf mit seinem Volk und für sein Volk immer noch mit den brutalsten Formen der Unmenschlichkeit des Menschen gegen den Menschen beantwortet wird.

Sie ehren das Bodenpersonal, ohne dessen Anstrengungen und Opfer die Flugzeuge der Freiheit nie hätten vom Boden abheben können.

Die meisten dieser Menschen werden nie Schlagzeilen machen, und ihre Namen werden nicht im „Who's Who" erscheinen. Aber wenn die Jahre vergangen sind und das leuchtende Licht der Wahrheit auf dieses wunderbare Zeitalter fällt, in dem wir leben, werden Männer und Frauen wissen und Kinder gelehrt werden, daß wir ein schöneres Land, ein besseres Volk und eine edlere Kultur haben, weil diese demütigen Kinder Gottes bereit waren, um der Rechtschaffenheit willen zu leiden.

Ich glaube, Alfred Nobel wüßte, was ich meine, wenn ich sage: Ich nehme diesen Preis entgegen im Geist eines Verwalters eines kostbaren Erbes, das er verwahrt für seine wahren Besitzer, für alle, denen Schönheit Wahrheit ist und Wahrheit Schönheit und in deren Augen die Schönheit wahrer Brüderlichkeit und wahren Friedens kostbarer ist als Diamanten oder Silber oder Gold.

Sprechen für die, die keine Stimme haben*

Ich bin heute abend in diese wunderschöne Kirche gekommen, weil mein Gewissen mir keine andere Wahl läßt. Ich bin zu Ihnen in diese Versammlung gekommen, weil ich mich in tiefster Übereinstimmung mit den Zielen und der Arbeit der Organisation „Geistliche und Laien in Sorge um Vietnam" weiß, die uns hier zusammengebracht hat. Die vor kurzem veröffentlichte Erklärung Ihres Leitungsausschusses gibt die Empfindungen meines eigenen Herzens wieder, und ich konnte voll und ganz zustimmen, als ich die Worte las, mit denen die Erklärung beginnt: „Es kann eine Zeit kommen, in der Schweigen Verrat bedeutet. Diese Zeit ist für uns mit der Vietnam-Frage gekommen." (...)

Einige von uns, die schon begonnen haben, das Schweigen der Nacht zu durchbrechen, mußten feststellen, daß die Verpflichtung zum Sprechen oft sehr qualvoll ist – doch sprechen müssen wir. Wir müssen sprechen in all der Demut, die unserer begrenzten Erkenntnis entspricht, aber wir müssen sprechen. Und wir müssen zugleich darüber froh sein, denn sicherlich geschieht es jetzt zum erstenmal in der Geschichte unserer Nation, daß eine beachtliche Anzahl ihrer religiösen Führer sich entschlossen hat, die Sprache eines sanften Patriotismus zu überwinden und ihren ernsten Einspruch zu formulieren, der sich auf die Gebote des Gewissens und die Erkenntnis der Geschichte gründet.

Während der letzten zwei Jahre, in denen ich versucht habe, den Verrat meines eigenen Schweigens zu durchbre-

* Auszüge aus Kings Ansprache in der Riverside Church in New York City am 4. April 1967

chen und von dem zu sprechen, was in meinem Herzen brennt, indem ich zu einer radikalen Abkehr von der Zerstörung Vietnams aufrief, haben mich viele Menschen gefragt, ob mein Weg wohl weise sei. Hinter ihren Bedenken zeichnete sich oft unüberhörbar und gewichtig die Frage ab: Warum sprechen gerade Sie, Dr. King, über den Krieg? Warum gesellen gerade Sie sich zu den Stimmen der Opposition? Die Frage des Friedens und die Frage der Bürgerrechte sind verschiedene Dinge, sagen diese Leute. Sie fragen: Schaden Sie nicht Ihrer eigenen Sache? Und wenn ich sie so reden höre, verstehe ich oft genug den Anlaß ihrer Sorge, werde dann aber doch traurig, denn solche Fragen zeigen, daß die Fragesteller mich und meine Verpflichtung gar nicht wirklich kennen. Ja, ihre Fragen zeigen, daß sie die Welt, in der sie leben, noch gar nicht erkannt haben. (...)

Ich bin mir völlig klar darüber, daß der Friedens-Nobelpreis die Verpflichtung bedeutet, mehr als je zuvor für die „Brüderlichkeit unter den Menschen" zu arbeiten. Diese Berufung führt mich weit über nationale Bindungen hinaus. Aber selbst wenn sie nicht vorhanden wäre, müßte ich doch in der Wahrnehmung des Dienstes Jesu Christi genau dasselbe tun. Für mich ist dieser Dienst so eng mit der Arbeit für den Frieden verknüpft, daß ich mich immer wieder über diejenigen wundere, die mich fragen, warum ich meine Stimme gegen den Krieg erhebe. Sollten sie denn wirklich nicht wissen, daß die frohe Botschaft allen Menschen gilt – Kommunisten und Kapitalisten, ihren und unseren Kindern, Schwarzen wie Weißen, den Revolutionären wie den Konservativen? Haben sie vergessen, daß mein Dienst im Gehorsam gegen den zu geschehen hat, der seine Feinde so sehr liebte, daß er für sie starb? Was soll ich denn als gläubiger Diener dieses Einen dem Vietkong, was soll ich Castro oder Mao sagen? Darf ich sie mit dem Tode bedrohen, oder muß ich nicht mit ihnen zusammen leben lernen?

Schließlich wäre bei dem Versuch, für sie und für mich selbst den Weg von Montgomery bis in diese Kirche aufzuzeigen, das Entscheidende damit gesagt, daß ich meiner Glaubensüberzeugung treu bleiben muß, mit allen Menschen zu den Kindern des lebendigen Gottes zu gehören. Diese Berufung zur Kindschaft und zur Brüderlichkeit geht über die Zugehörigkeit zu einer Rasse, einer Nation oder einer Glaubensgemeinschaft hinaus. Und weil ich glaube, daß dem Vater besonders die Leidenden, Hilflosen und Verachteten unter seinen Kindern am Herzen liegen, komme ich heute abend hierher, um für sie zu sprechen. Ich glaube, daß dies das Privileg und die Bürde derer ist, die sich durch Treueverpflichtungen gebunden wissen, welche umfassender und tiefer sind als der Nationalismus, und die jenseits der egoistischen Ziele und Interessen unserer Nation stehen. Es ist unsere Aufgabe, für die Schwachen zu sprechen, für die, die keine Stimme haben, für die Opfer unserer Nation, für die, die sie Feinde nennt, denn keine von Menschen angefertigte Erklärung kann diese zu weniger machen als zu unseren Brüdern. (...)

Ich bin davon überzeugt, daß unser Volk eine radikale Revolution der Werte vornehmen muß, wenn es sich auf die richtige Seite der Weltrevolution stellen will. Wir müssen schnell damit anfangen, von einer „sachorientierten" Gesellschaft zu einer „personorientierten" Gesellschaft zu kommen. Wenn Maschinen und Computer, Profitbestrebungen und Eigentumsrechte für wichtiger gehalten werden als die Menschen, dann wird die schreckliche Allianz von Rassenwahn, Materialismus und Militarismus nicht mehr besiegt werden können.

Eine echte Revolution der Werte wird uns bald dazu bringen, daß wir die Redlichkeit und Berechtigung mancher unserer vergangenen und gegenwärtigen politischen Maßnahmen in Frage stellen. Gewiß ist es unsere Verpflichtung, die Rolle des barmherzigen Samariters für alle diejenigen zu übernehmen, die am Wege liegengeblieben sind. Aber das ist nur ein Anfang. Eines Tages müssen wir begreifen, daß die ganze Straße nach Jericho geändert werden muß, damit nicht fortwährend Männer und Frauen geschlagen und ausgeraubt werden, während sie sich auf ihrer Lebensreise befinden.

Wahre Solidarität ist mehr als die Münze, die man dem Bettler hinwirft; sie ist nicht so zufällig und gedankenlos. Sie kommt zu der Einsicht, daß ein Haus, das Bettler hervorbringt, umgebaut werden muß. Eine echte Revolution der Werte wird den schreienden Gegensatz von Armut und Reichtum sehr bald mit großer Unruhe betrachten. Sie wird nach Übersee blicken und mit gerechter Empörung darauf hinweisen, daß einzelne Kapitalisten des Westens riesige Geldbeträge in Asien, Afrika und Lateinamerika investieren, nur um zu verdienen und ohne Interesse an sozialen Fortschritten in jenen Ländern, und sie wird ausrufen: „Das ist ungerecht." Eine Revolution der Werte wird unser Bündnis mit den Großgrundbesitzern in Lateinamerika durchschauen und feststellen: „Das ist ungerecht." Ungerecht ist auch die westliche Überheblichkeit, die meint, daß sie den anderen alles beibringen kann und von ihnen nichts zu lernen hat. Eine wirkliche Revolution der Werte wird den Status quo selbst beseitigen und vom Kriege sagen: „Dieser Weg zur Lösung von Spannungen ist nicht recht." Diese Art von Beschäftigung, menschliche Wesen mit Napalm zu verbrennen, die Häuser unserer Nation mit Waisen und Witwen zu füllen, giftigen Haß in die Adern von Menschen zu spritzen, die normalerweise sich ganz menschlich verhalten, Männer von finsteren und blutigen Schlachtfeldern, körperlich verkrüppelt und seelisch aus dem Gleichgewicht gebracht, nach Hause zu senden, diese Beschäftigung kann nie und nimmer mit Weisheit, Gerechtigkeit und Liebe in Einklang gebracht werden. Ein Volk, das Jahr für Jahr mehr Geld für militärische Verteidigung als für Sozialprogramme ausgibt, gerät in die Nähe des geistlichen Todes. (...)

Wir leben in einer revolutionären Zeit. Auf der ganzen Erde erheben sich die Menschen gegen die alten Systeme der Ausbeutung und Unterdrückung, und aus dem Schoß einer gebrechlichen Welt erwachsen neue Systeme der Gerechtigkeit und der Gleichheit. Die barfüßigen und hemdlosen Bauernmassen der Dritten Welt erheben sich, wie sie es nie zuvor getan haben. „Das Volk, das in der Finsternis sitzt, sieht ein großes Licht." Wir im Westen müssen diese Revolutionen unterstützen. Es ist eine traurige Tatsache, daß die westlichen Nationen, die den revolutionären Geist der modernen Welt recht eigentlich begründeten, aus Bequemlichkeit, Gleichgültigkeit, krankhafter Angst vor dem Kommunismus und der Neigung, Ungerechtigkeiten als unvermeidlich hinzunehmen, nun zu Erz-Antirevolutionären geworden sind. Aus dieser Entwicklung schließen viele, daß nur der Marxismus revolutionären Geist hat. Der Kommunismus ist deshalb ein Gericht über unser Versagen, eine wirkliche Demokratie zu schaffen und die revolutionäre Entwicklung voranzutreiben, die wir begründeten. Unsere einzige Hoffnung besteht heute darin, daß wir von diesem revolutionären Geist wieder ergriffen werden und in eine oft feindselige Welt hinausgehen, um der Armut, dem Rassismus und dem Militarismus den Kampf anzusagen.

Wenn wir uns auf diese Weise engagieren, können wir kühn den Status quo und die falsche Moral, auf der er beruht, in Frage stellen und dadurch die Ankunft des Tages beschleunigen, an dem „jedes Tal erhöht und jeder Hügel und Berg erniedrigt, das Gekrümmte zur Ebene und die Höhen zum Talgrund werden".

Eine echte Revolution der Werte meint in letzter Konsequenz, daß unsere Treueverpflichtungen weltweit werden müssen, nicht regional beschränkt bleiben dürfen. Jede Nation muß jetzt eine sich über alle Schranken hinwegsetzende Verpflichtung gegenüber der Menschheit als Ganzem entwickeln, um die optimalen Möglichkeiten in ihrem eigenen Bereich bewahren zu können. Dieser Ruf zu einer weltweiten Gemeinschaft, der die Sorge für den Nachbarn über die Rassen-, Klassen- und Nationalzugehörigkeit hinaushebt, ist in Wirklichkeit der Ruf nach einer allumfassenden und bedingungslosen Liebe für alle Menschen. Dieser so oft mißverstandene und falsch ausgelegte Gedanke, von den Nietzsches überall in der Welt schnell als eine schwächliche und feige Sache abgetan, ist jetzt zur unerläßlichen Bedingung für das Überleben der Menschheit geworden. Denn wenn ich von

Liebe spreche, so spreche ich nicht von einer sentimentalen und schwachen Gefühlserwiderung. Ich spreche von jener Kraft, die alle großen Religionen als das alle Trennungen überwindende Grundprinzip des Lebens angesehen haben. Man kann sagen, daß Liebe der Schlüssel ist, der die Tür zur letzten Wirklichkeit aufschließt. Dieser von Hindus, Moslems, Christen, Juden und Buddhisten geteilte Glaube an eine letzte Einheit der Wirklichkeit hat im ersten Johannesbrief seinen klassischen Ausdruck gefunden: „Geliebte, lasset uns einander lieben, denn die Liebe ist aus Gott und jeder, der liebt, ist aus Gott gezeugt und erkennt Gott. Wer nicht liebt, hat Gott nicht erkannt, denn Gott ist Liebe ... Wenn wir einander lieben, bleibt Gott in uns, und seine Liebe ist in uns vollendet." Laßt uns hoffen, daß dieser Geist unsere Tage ordnet. Es ist einfach unmöglich, daß wir noch länger den Gott des Hasses anbeten und uns vor dem Altar der Vergeltung verbeugen. Das Meer der Geschichte wird durch die beständig steigenden Fluten des Hasses aufgewühlt. Die Geschichte ist angefüllt mit dem Scheitern jener Nationen und jener einzelnen, die diesen selbstzerstörerischen Weg des Hasses einschlugen.

Friede auf Erden*

Diese Weihnachtszeit findet uns als ziemlich ratloses Menschengeschlecht. Wir haben weder Frieden in uns noch Frieden um uns. Überall quälen lähmende Ängste die Menschen bei Tag und verfolgen sie bei Nacht. Unsere Welt ist krank an Krieg. Wohin wir uns immer wenden, sehen wir seine verhängnisvollen Möglichkeiten. Und doch, meine Freunde, kann die Weihnachtshoffnung auf Frieden und guten Willen unter allen Menschen nicht länger als eine Art frommer Traum einiger Schwärmer abgetan werden. Wenn wir in dieser Welt nicht guten Willens gegen die Menschen sind, werden wir uns durch den Mißbrauch unserer eigenen Werkzeuge und unserer eigenen Macht selbst vernichten. Klugheit aus Erfahrung sollte uns sagen, daß der Krieg etwas Überholtes ist. Es mag Zeiten gegeben haben, da der Krieg als ein negatives Gutes diente, indem er die Ausbreitung und das Wachstum einer bösen Macht verhinderte, aber die äußerst zerstörende Gewalt moderner Waffen schließt an sich schon die Möglichkeit aus, daß der Krieg heute noch als negatives Gutes dienen könnte. Wenn wir also voraussetzen, daß das Leben lebenswert ist, wenn wir voraussetzen, daß die Menschheit ein Recht darauf hat zu überleben, dann müssen wir eine Alternative zum Krieg finden – so laßt uns denn an diesem Morgen die Bedingungen für den Frieden erforschen. Laßt uns an diesem Morgen aufs neue über die Bedeutung jener Weihnachtshoffnung nachdenken: „Friede auf Erden den Menschen, die guten Willens sind." Und wenn wir diese Be-

* Weihnachten 1967 – in einer Zeit als er sich unerschrocken gegen den Vietnamkrieg äußerte – hielt King diese Predigt in der Ebenezer Baptist Church in Atlanta.

dingungen erforschen, möchte ich vorschlagen, daß die modernen Menschen wirklich alle hingehen und die Bedeutung der Gewaltlosigkeit, ihrer Philosophie und ihrer Strategie studieren.

Wir haben die Bedeutung der Gewaltlosigkeit in unserem Kampf um Rassengerechtigkeit in den Vereinigten Staaten erprobt, nun aber ist für die Menschen die Zeit gekommen, die Gewaltlosigkeit in allen Bereichen menschlicher Konflikte zu erproben, und das bedeutet Gewaltlosigkeit auf internationaler Ebene.

Zuerst möchte ich einmal sagen, daß unsere Zusammengehörigkeitsgefühle, wenn wir Frieden auf Erden haben wollen, mehr ökumenisch als partikularistisch werden sollten. Sie müssen über unsere Rasse, unsere Sippe, unsere soziale Schicht und unsere Nation hinausdringen, und das bedeutet, daß wir eine Weltperspektive entwickeln müssen. Kein einzelner kann allein leben; kein Land kann allein leben, und je länger wir es versuchen, desto mehr werden wir in dieser Welt Krieg haben. Jetzt ist das Gericht Gottes über uns, und wir müssen entweder lernen, als Brüder miteinander zu leben, oder wir werden alle zusammen als Narren zugrunde gehen.

Ja, als Nationen wie als einzelne hängen wir voneinander ab. Ich habe euch schon früher von unserem Besuch in Indien vor einigen Jahren erzählt. Es war ein großartiges Erlebnis, aber heute morgen will ich euch sagen, daß es dabei niederdrückende Momente gab. Wie kann jemand nicht niedergedrückt sein, wenn er mit eigenen Augen die Beweise dafür sieht, daß Millionen von Menschen hungrig schlafen gehen? Wie kann jemand nicht niedergedrückt sein, wenn er mit eigenen Augen Tausende von Menschen nachts auf den Gehsteigen schlafen sieht? Mehr als eine Million Menschen schläft jede Nacht auf den Gehsteigen von Bombay; mehr als eine halbe Million schläft jede Nacht auf den Gehsteigen von Kalkutta. Sie haben keine Häuser, in die sie gehen könnten. Sie haben keine Betten, in denen sie schlafen könnten. Als ich diese Verhältnisse sah, schrie etwas in mir: „Können wir in Amerika untätig danebenstehen und nicht davon betroffen sein?" Und es kam eine Antwort: „O nein!" Und ich begann darüber nachzudenken, daß wir gerade hier in unserem Land jeden Tag Millionen von Dollars ausgeben, um überschüssige Nahrungsmittel zu lagern; und ich sagte mir: „Ich weiß, wo wir diese Nahrungsmittel gebührenfrei lagern können – in den eingeschrumpften Mägen der Millionen von Kindern Gottes in Asien, Afrika, Lateinamerika und selbst in unserem eigenen Land."

Es läuft wirklich auf das hinaus: daß alles Leben miteinander in Wechselbeziehung steht. Wir sind alle in einem unentrinnbaren Netz der Gegenseitigkeit gefangen, in eine einzige Hülle des Schicksals gebunden. Was immer einen direkt betrifft, betrifft indirekt alle. Wir sind dafür geschaffen, zusammenzuleben, das liegt an der ineinandergreifenden Struktur der Wirklichkeit. Hast du dir je darüber Gedanken gemacht, daß du des Morgens nicht zur Arbeit gehen kannst, ohne vom größten Teil der Welt abhängig zu sein? Du stehst morgens auf und gehst ins Badezimmer und greifst nach dem Schwamm, und er wird dir von einem Inselbewohner aus dem Pazifik gereicht. Du greifst nach einem Stück Seife, und du empfängst sie aus den Händen eines Franzosen. Und dann gehst du in die Küche, um deinen Morgenkaffee zu trinken, und den schenkt dir ein Südamerikaner ein. Und vielleicht willst du Tee: den schenkt dir ein Chinese ein. Oder vielleicht hast du gern Kakao zum Frühstück, und den schenkt dir ein Westafrikaner ein. Und dann streckst du die Hand nach deinem Toast aus – und der kommt aus den Händen eines englischsprechenden Farmers, vom Bäcker nicht zu reden. Und ehe du am Morgen dein Frühstück fertiggegessen hast, bist du schon von mehr als der halben Welt abhängig gewesen. So ist unser Universum gefügt, das ist sein auf Wechselbeziehungen beruhendes Wesen. Wir werden keinen Frieden auf Erden haben, ehe wir nicht diese gegenseitige Abhängigkeit allen Seins begreifen.

Zum zweiten laßt mich nun sagen, daß, wenn wir Frieden in der Welt haben sollen, Menschen und Völker gewaltlos dazu stehen müssen, daß Zwecke und Mittel übereinzustimmen haben. Eine der großen philosophischen Debatten der Geschichte ging um die ganze Frage von Zwecken und Mitteln. Und schon immer gab es Leute, die behaupteten, der Zweck heilige die Mittel, die Mittel seien wirklich nicht wichtig. Wichtig ist, zum Ziel zu gelangen, nicht wahr?

Wenn ihr also eine gerechte Gesellschaft zu entwickeln sucht, sagen sie, dann ist die Hauptsache, daß ihr das erreicht, und die Mittel sind gänzlich unwichtig; jedes Mittel ist recht, wenn es euch nur ans Ziel bringt – es können gewalttätige, es können unwahre Mittel sein; es dürfen sogar unrechte Mittel zu einem gerechten Zweck sein. Leute, die das behaupteten, gab es durch die ganze Geschichte hindurch. Aber wir werden niemals Frieden in der Welt haben, bevor die Menschen überall anerkennen, daß Mittel und Zwecke nicht voneinander zu trennen sind; denn die Mittel verkörpern das Ideal im Werden, das Ziel im Entstehen, und schließlich kann man gute Zwecke nicht durch böse Mittel erreichen, weil die Mittel den Samen und der Zweck den Baum darstellen.

Es ist sehr merkwürdig, daß alle großen militärischen Genies der Welt vom Frieden gesprochen haben. Die Eroberer der alten Zeit, die mordend hinter dem Frieden herjagten, Alexander, Julius Caesar, Karl der Große und Napoleon, waren sich alle darin gleich, daß sie eine friedliche Weltordnung suchten. Wenn ihr *Mein Kampf* genau genug lest, werdet ihr entdecken, daß Hitler behauptete, alles, was er in Deutschland tat, sei für den Frieden gewesen. Und die Führer der heutigen Welt sprechen redselig vom Frieden. Jedesmal, wenn wir unsere Bomben in Nordvietnam fallen lassen, spricht Präsident Johnson redselig vom Frieden. Worum geht es? Sie sprechen vom Frieden als einem fernen Ziel, einem Zweck, dem wir nachjagen, aber eines Tages werden wir einsehen müssen, daß der Frieden nicht bloß ein fernes Ziel ist, das wir suchen, sondern daß er ein Mittel ist, durch das wir zu jenem Ziel gelangen. Wir müssen friedliche Zwecke mit friedlichen Mitteln verfolgen. All das wird heißen, daß Mittel und

Zwecke übereinstimmen müssen, weil das Ziel in den Mitteln bereits vor-vorhanden ist, und destruktive Mittel können keine konstruktiven Ziele herbeiführen.

Und nun laßt euch sagen, daß das nächste, um das wir uns bemühen müssen, wenn wir Frieden auf Erden für alle Menschen guten Willens haben wollen, die gewaltlose Übereinkunft über die Heiligkeit alles menschlichen Lebens ist. Jeder Mensch ist jemand, denn er ist ein Kind Gottes. Und wenn wir sagen „Du sollst nicht töten", sagen wir damit wirklich, daß das Menschenleben zu heilig ist, als daß es einem auf den Schlachtfeldern der Welt genommen werden dürfte. Der Mensch ist mehr als eine winzige Laune wirbelnder Elektronen oder ein Rauchfetzen von einem grenzenlosen schwelenden Feuer. Der Mensch ist ein Kind Gottes, nach seinem Bild erschaffen, und muß daher als solches geachtet werden. Bevor die Menschen überall das nicht einsehen, bevor die Völker überall das nicht einsehen, werden wir Kriege austragen. Eines Tages sollte uns jemand daran erinnern, daß, obwohl es politische und ideologische Unterschiede zwischen uns geben mag, die Vietnamesen unsere Brüder sind, die Russen unsere Brüder sind, die Chinesen unsere Brüder sind; und eines Tages müssen wir uns gemeinsam an den Tisch der Brüderlichkeit setzen. Aber in Christo gibt es weder Juden noch Heiden. In Christo gibt es weder Männer noch Frauen. In Christo gibt es weder Kommunisten noch Kapitalisten. In Christo gibt es weder irgendwie Gebundene noch Freie. Wir sind alle eins in Jesus Christus. Und wenn wir wahrhaft an die Heiligkeit der menschlichen Persönlichkeit glauben, dann werden wir keine Menschen ausbeuten, dann werden wir keine Menschen mit den eisernen Tritten der Unterdrückung zertrampeln, dann werden wir niemanden töten.

Es gibt im griechischen Neuen Testament drei Wörter für ‚Liebe'; das eine ist das Wort *eros. Eros* ist eine Art ästhetischer, romantischer Liebe. Plato redete in seinen Gesprächen viel davon, von der Sehnsucht der Seele nach dem Reich des Göttlichen. Und es ist etwas Schönes um *eros*, kann es immer sein, auch in seinen romanhaften Äußerungen. Einige der schönsten Liebesgeschichten der Welt handeln davon.

Dann spricht die griechische Sprache von *philia*, was ein weiteres Wort für Liebe ist, und *philia* ist eine Art intimer Liebe zwischen befreundeten Menschen. Das ist die Art von Liebe, die man für Menschen empfindet, mit denen man gut auskommt; und die, welche man auf dieser Ebene liebt, liebt man, weil man wiedergeliebt wird.

Dann hat die griechische Sprache noch ein Wort für Liebe, und das ist das Wort *agape*. *Agape* ist mehr als romantische Liebe, es ist mehr als Freundschaft. *Agape* ist verstehendes, schöpferisches, erlösendes Wohlwollen gegenüber allen Menschen. *Agape* ist überströmende Liebe, die nichts für sich selber will. Theologen würden sagen, es sei die Liebe Gottes, die im Menschenherzen wirke. Wenn man sich zur Liebe auf dieser Ebene erhebt, dann liebt man alle Menschen, nicht weil man sie gern hat, nicht weil ihre Art einem gefällt, sondern man liebt sie, weil Gott sie liebt. Das ist es, was Jesus meinte, als er sagte: „Liebet eure Feinde." Und ich bin glücklich, daß er nicht sagte: „Habt eure Feinde gern", denn es gibt einige Leute, die gern zu haben mir recht schwerfiele. Gernhaben ist eine herzliche Gefühlsregung, und ich kann einen nicht gern haben, der mein Heim bombardiert. Ich kann einen nicht gern haben, der mich ausbeutet. Ich kann einen nicht gern haben, der mich mit Ungerechtigkeit zertrampelt. Ich kann sie nicht gern haben. Ich kann einen nicht gern haben, der mich tagein, tagaus umzubringen droht. Aber Jesus erinnert uns daran, daß Liebe mehr ist als Gernhaben. Liebe ist verstehendes, schöpferisches, erlösendes Wohlwollen gegenüber allen Menschen. Und ich glaube, an diesem Punkt stehen wir als Volk in unserem Kampf um Rassengerechtigkeit. Wir können niemals aufgeben. Wir müssen leidenschaftlich und unnachgiebig für die staatsbürgerliche Vollberechtigung arbeiten. Wir dürfen nie in unserer Entschlossenheit nachlassen, jeden Überrest von Rassentrennung und Diskriminierung in unserem Land zu beseitigen, aber wir sollen während des ganzen Vorgangs nie auf unser Vorrecht zu lieben verzichten.

Ich habe zuviel Haß gesehen, als daß ich selber hassen möchte, und ich habe Haß in den Gesichtern zu vieler Sheriffs, zu vieler weißer Stadträte und zu vieler Ku-Klux-Klan-Leute im Süden gesehen, als daß ich selber hassen möchte; und jedesmal, wenn ich ihn sehe, sage ich mir, Haß ist eine zu große Last, als daß man sie tragen könnte. Irgendwie müssen wir imstande sein, vor unsere erbittertsten Gegner hinzutreten und zu sagen: „Wir werden eure Fähigkeit, uns Leid zuzufügen, durch unsere Fähigkeit, Leid zu ertragen, wettmachen. Wir werden eurer physischen Kraft mit Seelenkraft begegnen. Tut uns an, was ihr wollt, wir wollen euch trotzdem lieben. Wir können nicht mit gutem Gewissen euren ungerechten Gesetzen gehorchen und dem ungerechten System treu bleiben, denn Nichtzusammenarbeit mit dem Bösen ist genauso eine moralische Pflicht wie Zusammenarbeit mit dem Guten, also werft uns ins Gefängnis, und wir wollen euch trotzdem lieben. Bombardiert unsere Häuser und bedroht unsere Kinder, und wir wollen euch, so schwer es auch ist, trotzdem lieben. Schickt eure vermummten Gewaltverbrecher zu mitternächtlicher Stunde in unsere Gemeinden, schleppt uns hinaus in eine abgelegene Straße und laßt uns halb totgeschlagen liegen, und wir wollen euch trotzdem lieben. Schickt eure Propagandaagenten im Land herum und erweckt den Anschein, als wären wir kulturell und auch sonst nicht tauglich für die Integration, und wir wollen euch trotzdem lieben. Aber seid versichert, daß wir euch durch unsere Leidensfähigkeit aufreiben werden, und eines Tages werden wir unsere Freiheit erobern. Wir werden sie nicht nur für uns selbst erobern, wir werden so sehr an euer Herz und Gewissen appellieren, daß wir euch in dem Prozeß gewinnen, und unser Sieg wird ein doppelter Sieg sein."

Wenn Friede auf Erden sein soll, müssen wir an die grundlegende Moral des Alls glauben und daran, daß alles Sein von moralischen Grundlagen abhängt. Etwas muß uns das in Erinnerung rufen, wenn wir wiederum in der Weihnachtszeit stehen und gleichzeitig an die Osterzeit denken, da beides irgendwie Hand in Hand geht. Christus kam, um uns den Weg zu zeigen. Die Menschen lieben die Finsternis mehr als das Licht, und dort am Karfreitag am Kreuz war es noch dunkel, aber dann kam Ostern, und Ostern ist eine ewige Mahnung an die Tatsache, daß die Erde, auf der die Wahrheit unterdrückt wurde, sich wieder erheben wird. Ostern gibt Carlyle recht, wenn er sagt: „Keine Lüge kann ewig leben." Und so ist das unser Glaube, in dem wir fortfahren, auf Frieden zu hoffen: laßt uns dessen bewußt sein, daß wir bei diesem Vorgehen kosmische Gesellschaft haben.

Im Jahre 1963, an einem schwülen Augustnachmittag, standen wir in Washington D. C. und sprachen zum Volk über mancherlei. Gegen Ende jenes Nachmittags versuchte ich dem Volk von einem Traum zu erzählen, den ich gehabt hatte, und ich muß euch heute gestehen, daß ich, bald nachdem ich von dem Traum gesprochen hatte, zu sehen anfing, wie er sich in einen Alptraum verwandelte. Ich erinnere mich an das erste Mal, daß ich sah, wie der Traum sich in einen Alptraum verwandelte, nur ein paar Wochen nachdem ich davon gesprochen hatte. Es war damals, als vier schöne junge, harmlose, unschuldige Negermädchen in einer Kirche in Birmingham/Alabama ermordet wurden. Ich sah, wie der Traum sich in einen Alptraum verwandelte, wenn ich durch die Negerviertel des Landes ging und meine schwarzen Brüder und Schwestern auf einer einsamen Insel der Armut inmitten eines riesigen Ozeans materieller Prosperität zugrunde gehen sah und wie der Staat nichts tat, um das Armutsproblem der Neger anzupacken. Ich sah, wie der Traum sich in einen Alptraum verwandelte, wenn ich zuschaute, wie meine schwarzen Brüder und Schwestern inmitten von Zorn und verständlicher Aufgebrachtheit, inmitten ihrer Verletztheit, inmitten ihrer Enttäuschung sich fehlgeleiteten Krawallen zuwandten, um zu versuchen, dieses Problem zu lösen. Ich sah, wie der Traum sich in einen Alptraum verwandelte, wenn ich zuschaute, wie der Krieg in Vietnam sich ausweitete, wie die sogenannten militärischen

Berater, 16 000 Mann stark, zu kämpfenden Soldaten wurden, bis es schließlich die mehr als 500 000 Amerikanerjungen waren, die heute auf asiatischem Boden kämpfen. Jawohl, ich bin selbst das Opfer aufgeschobener Träume und zerschlagener Hoffnungen, aber trotzdem sage ich jetzt zum Schluß, daß ich immer noch einen Traum habe, denn, wißt ihr, man kann im Leben nicht aufgeben. Wenn man die Hoffnung verliert, verliert man irgendwie die Vitalität, die das Leben in Bewegung hält, man verliert den Mut zu sein, die Eigenschaft, die immer hilft, trotz allem weiterzumachen. Und so habe ich heute noch immer einen Traum.

Ich träume davon, daß eines Tages die Menschen sich erheben und einsehen werden, daß sie geschaffen sind, um als Brüder miteinander zu leben. Ich träume auch an diesem Morgen noch davon, daß eines Tages jeder Neger in diesem Lande, jeder Farbige in der Welt auf Grund seines Charakters anstatt seiner Hautfarbe beurteilt werden und daß jeder Mensch die Würde und den Wert der menschlichen Persönlichkeit achten wird. Ich träume auch heute noch davon, daß eines Tages die untätigen Industrien von Appalachia wiederbelebt und die leeren Mägen von Mississippi gefüllt sein werden und daß Brüderlichkeit mehr sein wird als ein paar Worte am Ende eines Gebets, vielmehr das vordringlichste Geschäft in der Agenda jedes Gesetzgebers. Ich träume auch heute noch davon, daß eines Tages das Recht offenbart werden wird wie Wasser, und die Gerechtigkeit wie ein starker Strom. Ich träume auch heute noch davon, daß in all unseren Parlamentsgebäuden und Rathäusern Männer gewählt und dort einziehen werden, die Gerechtigkeit und Gnade üben und demütig sind vor ihrem Gott. Ich träume auch heute noch davon, daß eines Tages der Krieg ein Ende nehmen wird, daß die Männer ihre Schwerter zu Pflugscharen und ihre Spieße zu Sicheln machen, daß kein Volk wider das andere ein Schwert aufheben und nicht mehr kriegen lernen wird. Ich träume auch heute noch davon, daß eines Tages das Lamm und der Löwe sich miteinander niederlegen werden und ein jeglicher unter seinem Weinstock und Feigenbaum wohnen wird ohne Scheu. Ich träume auch heute noch davon, daß eines Tages alle Täler erhöht und alle Berge und Hügel erniedrigt werden, und was ungleich ist, eben, und was höckerig ist, schlicht wird, und daß die Herrlichkeit des Herrn offenbart werden und alles Fleisch miteinander es sehen wird. Ich träume noch immer davon, daß wir mit diesem Glauben imstande sein werden, den Rat der Hoffnungslosigkeit zu vertagen und neues Licht in die Dunkelkammern des Pessimismus zu bringen. Mit diesem Glauben wird es uns gelingen, den Tag schneller herbeizuführen, an dem Friede auf Erden ist. Es wird ein ruhmvoller Tag sein, die Morgensterne werden miteinander singen und alle Kinder Gottes vor Freude jauchzen.

Denen, die im dunklen Tal sind, dienen*

Für viele von uns ist diese Schulungskonferenz für Pastoren ein Gipfelerlebnis gewesen. Es gibt diese Momente der Verklärung, wenn wir den Gipfel ersteigen, wo wir inspiriert werden, wo wir erhoben werden und einen Eindruck von der Ewigkeit bekommen. Aber immer gibt es auch die Versuchung, die mit jedem Gipfelerlebnis einhergeht: das Verlangen, dort oben zu bleiben; das Verlangen, auf ewig inspirierenden Reden zu lauschen; ja sogar das Verlangen, in lähmender Analyse steckenzubleiben; das Verlangen, ewige Momente sofortiger Befriedigung zu erleben.

Aber ich möchte Euch heute darauf aufmerksam machen, daß in ein paar Stunden die meisten von uns Miami verlassen werden und wir ins Tal zurückkehren werden. Das Tal ruft uns. Wir werden in Täler zurückkehren, bevölkert von Männern und Frauen, die den Schmerz und die Pein der Armut kennen. Wir machen uns auf, um in Täler zurückzukehren, die bevölkert sind von Müttern, die von Sozialhilfe leben, die ihre kleinen Kinder nicht satt machen können. (...) Wir werden in ein Tal zurückkehren, das bevölkert ist von Tausenden und Abertausenden junger Menschen, die den Glauben an Amerika verloren haben. (...) Sie fragen sich, ob unsere Nation sich mehr auf ihre militärische Macht als auf ihre moralische Macht verläßt. Wir kehren zurück in ein Tal, das bevölkert ist von jungen Männern und Frauen, die Fragen stellen. Wir kehren zurück in ein Tal, das bevölkert ist von

* King hielt diese Ansprache, aus der hier Auszüge wiedergegeben sind, am 23. 2. 1968 in Miami, im Rahmen eines Leitungstrainings für Pastoren. Die Konferenz diente der Vorbereitung der für das Frühjahr 1968 geplanten „Kampagne der Armen".

schwarzen Menschen, die in Verzweiflung sind aufgrund ihrer Lebensumstände. Wieder und wieder rufen sie – in unwissentlicher Übereinstimmung mit dem Dichter Paul Lawrence Dunbar: „Eine Kruste Brot und eine Ecke zum Schlafen; eine Minute des Lächelns und eine Stunde des Klagens; ein Scherflein Glück, jedoch Ungemach zuhauf, und niemals ein Lachen, auf daß sich das Leid nicht verdoppele; und das ist das Leben." Das sind die Rufe in dem Tal, in das wir zurückkehren müssen. Und wir sind gerufen, dem Tal zu dienen. Unser Dienst muß ausgerichtet sein auf die Probleme, die Zwangslage und die Entfremdung, der die Menschen im Tal ausgesetzt sind. Wir sind gerufen, leidenschaftlich und unablässig dafür zu sorgen, daß „jedes Tal erhöht und jeder Berg und Hügel erniedrigt wird. Was uneben ist, soll gerade, und was hügelig ist, soll eben werden." Nur dann wird unser Dienst uns erlauben zu sehen, wie sich die Herrlichkeit des Herrn erfüllt. Das ist es, wozu wir gerufen sind. Wir sind nicht nach Miami gekommen, um uns zu vergnügen. Wir sind nach Miami gekommen, um zu sehen, wie wir einen wirksamen und schöpferischen Dienst für das Tal entwickeln und wie wir Dinge ändern können. (...)

Laßt uns eingestehen, daß selbst die schwarze Kirche oft eher ein Schlußlicht als ein Scheinwerfer gewesen ist. Laßt uns ehrlich eingestehen, daß allzuoft einige von uns sich inmitten sozialer Ungerechtigkeit befanden und wir dennoch schwiegen, im Schutz der Buntglasfenster unserer Kirchen. Laßt uns ehrlich eingestehen, daß wir inmitten der Armut unserer eigenen Gemeindeglieder so oft einfach in die Runde geschaut und fromme Belanglosigkeiten und frömmlerische Banalitäten von uns gegeben haben. Laßt uns ehrlich eingestehen, daß wir uns allzuoft mehr für den Radabstand unserer Autos und die Höhe des Geldbetrags, den wir zu unseren Jubiläen erhalten, interessierten als für die Probleme der Menschen, die es uns überhaupt erst ermöglichten, diese Dinge zu bekommen. Laßt es uns ehrlich eingestehen, wenn wir nachlässig gewesen sind und nicht getan haben, wozu uns Gott berufen hat.

Wir haben die Macht, die Kirche zu der Einrichtung zu machen, der sich sogar junge Menschen, die sich zeitweise der Kirche entfremdet fühlen, wieder zuwenden, denn sie werden merken, daß wir für sie an vorderster Front im Kampf stehen. Dann werden sie bemerken, daß Jesus kein Weißer war. Das Christentum ist nicht ausschließlich eine Religion des Westens. Wir können bewirken, daß die Kirche wieder ihren wahren Klang erhält. Wir haben die Macht, Amerika zu ändern und der Religion Jesu Christi eine Art neuer Lebenskraft zu verleihen. Wir können jene jungen Männer und Frauen, die den Glauben an die Kirche verloren haben, zu der Erkenntnis führen, daß Jesus eben deshalb ein ernstzunehmender Mensch war, weil er sich der Bitternis des Menschlichen im Schein des Göttlichen aussetzte und sich um die Nöte der Menschen sorgte. Er sorgte sich um Brot. Schon vor langer Zeit rief er eine „Aktion Brotkorb" („Operation Breadbasket") ins Leben. Er initiierte die erste Sit-In-Bewegung. Er war der größte Revolutionär, den die Geschichte kennt. Und wenn uns die Menschen erzählen wollen, wir hätten, wenn wir uns so erheben, so wie wir uns erheben, unsere Inspiration von diesem oder jenem – dann geht und laßt sie wissen, woher wir unsere Inspiration haben. (...) Es ist eine große Tragödie, daß das Christentum nicht wahrnahm, daß es einen revolutionären Auftrag hat. Man muß nicht Karl Marx lesen, um zu lernen, wie man ein Revolutionär wird. Ich habe meine Inspiration nicht von Karl Marx. Ich habe sie von einem Mann namens Jesus, einem Retter aus Galiläa. Er sagte, er sei gesalbt, denen, die gebrochenen Herzens sind, zu helfen. Er war gesalbt, sich der Nöte der Armen anzunehmen und derer, die sich in Gefangenschaft befanden, und er predigte ein angenehmes Jahr des Herrn. Das ist revolutionär. Und dorther erhalten wir unsere Inspiration.

Was sollte bei meiner Beerdigung gesagt werden?*

Hin und wieder, so vermute ich, denken wir alle realistisch nach über jenen Tag, an dem wir das Opfer werden jenes letzten gemeinsamen Nenners des Lebens – jenes Etwas, das wir Tod nennen. Wir alle denken darüber nach. Und hin und wieder denke auch ich an meinen Tod, und ich denke an meine Beerdigung. Ich denke daran nicht in einer krankhaften Weise. Hin und wieder frage ich mich selbst: „Was sollte – wenn es nach mir geht – dann gesagt werden?" Ich will euch heute morgen darüber Auskunft geben.

Wenn einige von euch dabei sind, wenn mein Tag kommt: ich möchte keine lange Beerdigung. Und wenn ihr jemanden eine Grabrede halten laßt, sagt, sie sollen nicht zu lange reden. Hin und wieder frage ich mich, was sie nach meinem Wunsch sagen sollten. Sagt ihnen, sie sollen nicht erwähnen, daß ich den Friedensnobelpreis erhielt. Das ist nicht wichtig. Sagt ihnen, sie sollen nicht erwähnen, daß ich 300 oder 400 Auszeichnungen habe. Das ist nicht wichtig. Sagt ihnen, sie sollen nicht erwähnen, wo ich zur Schule ging.

Ich möchte, daß jemand an jenem Tag sagt: „Martin Luther King, Jr., versuchte mit seinem Leben anderen zu dienen." Ich möchte, daß jemand an jenem Tag sagt: „Martin Luther King versuchte, Liebe zu üben." Ich möchte, daß ihr an jenem Tag sagt, daß ich versuchte, in der Kriegsfrage auf der richtigen Seite zu stehen. Ich möchte, daß ihr an jenem Tag sagen könnt, ich versuchte die Hungrigen zu speisen. Und ich möchte, daß ihr an jenem Tag sagen könnt, ich ver-

---

* Schluß einer Predigt über den Bibeltext Mk 10, 35–45, die King zwei Monate vor seinem Tod in der Ebenezer Baptist Church in Atlanta hielt.

suchte in meinem Leben, die Nackten zu kleiden. Ich möchte, daß ihr an jenem Tag sagt, ich versuchte in meinem Leben, die im Gefängnis zu besuchen. Ich möchte, daß ihr sagt, ich versuchte, die Menschheit zu lieben und ihr zu dienen.

Ja, wenn ihr sagen wollt, daß ich wie ein Tambourmajor vorausging, dann sagt, daß ich ein Tambourmajor für Gerechtigkeit war; daß ich ein Tambourmajor für Frieden war; daß ich ein Tambourmajor für Rechtschaffenheit war. Und all die anderen unwichtigen Dinge werden keine Rolle spielen. Ich werde kein Geld hinterlassen. Ich werde keine vornehmen und luxuriösen Dinge hinterlassen. Ich möchte nur ein hingebungsvolles Leben hinterlassen.

Und das ist alles, was ich sagen möchte. Wenn ich jemand helfen kann auf meinem Weg, wenn ich jemand aufmuntern kann, mit einem Wort oder einem Lied, wenn ich jemand zeigen kann, daß er in die falsche Richtung geht, dann wird mein Leben nicht vergeblich sein. Wenn ich meine Pflicht als Christ tun kann, wenn ich Erlösung für eine einst aufgewühlte Welt bringen kann, wenn ich die Botschaft wie der Herr ausbreiten kann, dann wird mein Leben nicht vergeblich sein.

Ja, Jesus, ich möchte an deiner rechten oder linken Seite sein, nicht aus selbstsüchtigen Motiven. Ich möchte an deiner rechten oder linken Seite sein, nicht wegen eines politischen Königreiches oder aus Ehrgeiz. Nein, ich möchte dort einfach sein in Liebe und in Gerechtigkeit, in Wahrheit und in der Verpflichtung gegenüber den anderen, damit wir aus dieser alten Welt eine neue Welt schaffen können.

Ich bin auf dem Gipfel des Berges gewesen*

Ich verließ Atlanta heute früh, wir waren eine Gruppe von sechs, und als der Flug begann, sagte der Pilot über den Lautsprecher: „Entschuldigen Sie bitte die Verspätung, aber wir haben Dr. Martin Luther King an Bord. Um sicher zu gehen, daß alles Gepäck kontrolliert und alles an Bord in Ordnung war, mußten wir alles sorgfältig prüfen. Das Flugzeug wurde die ganze Nacht bewacht." Und dann landete ich in Memphis. Und einige sprachen von den Drohungen, die im Umlauf waren, und von dem, was mir von einigen unserer kranken weißen Brüder widerfahren könnte.

Nun, ich weiß nicht, was jetzt geschehen wird. Schwierige Tage liegen vor uns. Aber das macht mir jetzt wirklich nichts aus. Denn ich bin auf dem Gipfel des Berges gewesen. Ich mache mir keine Sorgen. Wie jeder andere würde ich gern lange leben. Langlebigkeit hat ihren Wert. Aber darum bin ich jetzt nicht besorgt. Ich möchte nur Gottes Willen tun. Er hat mir erlaubt, auf den Berg zu steigen. Und ich habe hinübergesehen. Ich habe das Gelobte Land gesehen. Vielleicht gelange ich nicht dorthin mit euch. Aber ihr sollt heute abend wissen, daß wir, als ein Volk, in das Gelobte Land gelangen werden. Und deshalb bin ich glücklich heute abend. Ich mache mir keine Sorgen wegen irgend etwas. Ich fürchte niemanden. Meine Augen haben die Herrlichkeit des kommenden Herrn gesehen.

---

* Schluß der Ansprache, die King am 3. April 1968, am Abend vor seiner Ermordung, im Rahmen des Müllarbeiterstreiks in der Mason Temple Church in Memphis hielt.

„Man sollte im Leben an etwas glauben können“

Kleine Texte

Ich habe mich entschlossen, für meine Überzeugung zu kämpfen. Man sollte im Leben an etwas glauben können, so leidenschaftlich glauben können, daß man ein Leben lang für diese Überzeugung eintreten kann. Mir ist es unmöglich zu glauben, daß Gott möchte, daß ich jemanden hasse. Ich bin der Gewalt müde. Und ich bin nicht bereit, meinen Unterdrücker bestimmen zu lassen, welche Methode ich anwenden solle. Wir haben eine Macht, die man zwar nicht in Molotowcocktails findet, aber wir haben eine Macht. Nicht die Macht von Geschossen und Gewehren, aber wir haben eine Macht. Es ist eine Macht, so alt wie die Erkenntnis des Jesus von Nazareth und so modern wie die Methoden des Mahatma Gandhi. [1]

*

Ich entsinne mich, wie wir während jenes großen Kampfes in Birmingham (Alabama) jeden Tag von der Baptistischen Kirche in der 16. Straße losmarschierten, zu Hunderten zogen wir aus. Und „Bull“ Connor befahl den Polizisten, die Hunde loszulassen, und sie kamen. Aber wir sangen vor den Hunden: „Ich werde vor niemandem weglaufen“. Dann befahl „Bull“ Connor: „Dreht die Wasserschläuche auf!“ Wie ich euch schon sagte, „Bull“ Connor kannte die Geschichte nicht. Er kannte eine Art Physik, die irgendwie nicht zu der Trans-Physik paßte, von der wir wußten. Es war die Tatsache, daß da ein bestimmtes Feuer war, das kein Wasser löschen konnte. Wir stellten uns den Wasserschläuchen entgegen. Wir kannten Wasser. Wer zu den Baptisten oder einer verwandten Denomination gehörte, war untergetaucht worden; wer zu den Methodisten und einigen anderen Denominationen gehörte, war besprengt worden. In jedem Fall waren wir mit Wasser vertraut. Sie konnten uns nicht aufhalten.

Wir gingen einfach auf die Hunde zu und schauten sie an, wir gingen einfach auf die Wasserschläuche zu und schauten sie an, und dabei sangen wir: „Über meinem Kopf sehe ich Freiheit in der Luft". Dann wurden wir in Polizeiwagen geworfen, manchmal zusammengepfercht wie Ölsardinen in einer Büchse. Und „Bull" Connor rief: „Fahrt sie fort!" Das taten sie auch, während wir im Gefängniswagen weiter sangen: „Wir werden siegen." Gelegentlich landeten wir im Gefängnis, und wir sahen, wie unsere Gebete, Worte und Lieder die Gefängnis-Wärter bewegten, die durch die Fenster schauten. Es existierte dort eine Macht, mit der „Bull" Connor nicht fertig wurde.[2]

*

Ich hatte nie die Absicht, mich an die Übel der Rassentrennung und Diskriminierung anzupassen. Ich hatte nie die Absicht, mich an religiöse Frömmelei anzupassen. Ich hatte nie die Absicht, mich an wirtschaftliche Verhältnisse anzupassen, in denen vielen das Notwendigste vorenthalten wird, um wenigen Luxus zu ermöglichen. Ich hatte nie die Absicht, mich an den Irrsinn des Militarismus und die selbstzerstörerische Wirkung physischer Gewalt anzupassen. Und ich rufe alle Menschen guten Willens auf, nicht-angepaßt zu sein, weil es sehr wohl sein könnte, daß die Rettung unserer Welt in den Händen der Nicht-Angepaßten liegt.

Deshalb laßt uns nicht-angepaßt sein, so nicht-angepaßt wie der Prophet Amos, der inmitten des Unrechts seiner Zeit ausrufen konnte – in Worten, deren Echo durch Jahrhunderte geht –: „Es ströme aber das Recht wie Wasser und die Gerechtigkeit wie ein nie versiegender Bach". Laßt uns so nicht-angepaßt sein wie Abraham Lincoln, der den Weitblick hatte zu sehen, daß diese Nation nicht halb versklavt und halb frei sein konnte. Laßt uns so nicht-angepaßt sein wie Jesus von Nazareth, der in die Augen der Männer und Frauen seiner Generation sah und ausrief: „Liebet eure Feinde. Segnet, die euch fluchen. Betet für die, so euch beleidigen und verfolgen."

Ich bin überzeugt, daß wir durch solche Nicht-Angepaßtheit in der Lage sein werden, aus der öden und trostlosen Mitternacht menschlicher Unmenschlichkeit zum hellen und glänzenden Tagesanbruch der Freiheit und Gerechtigkeit zu gelangen. Das wird der Tag sein, an dem es allen Kindern Gottes – Schwarzen und Weißen, Juden und Nicht-Juden, Katholiken und Protestanten – möglich sein wird, sich an den Händen zu fassen und mit den Worten eines alten Negro Spiritual zu singen: „Endlich frei! Endlich frei! Dank sei Gott, dem Allmächtigen, wir sind endlich frei!" [3]

*

Eines Abends Ende Januar 1956 [– zwei Monate nach Beginn des Busboykotts in Montgomery –] ging ich nach einem anstrengenden Tag erst spät zu Bett. Coretta schlief schon. Als ich gerade am Einschlafen war, läutete das Telefon. Eine wütende Stimme rief: „Höre, Nigger, wir werden uns an dir rächen. Noch in dieser Woche wirst du es bereuen, daß du nach Montgomery gekommen bist." Ich hängte ab, aber ich konnte nicht schlafen. Es war mir, als bräche alle Angst und Not der letzten Wochen auf einmal über mich herein. Ich war am Ende meiner Kraft.

Ich stand wieder auf und lief im Korridor auf und ab. Schließlich ging ich in die Küche und machte mir eine Tasse Kaffee. Ich wollte den Kampf aufgeben. Ohne den Kaffee anzurühren, saß ich am Küchentisch und grübelte darüber nach, wie ich von der Bildfläche verschwinden könnte, ohne als Feigling zu erscheinen. In diesem Zustand äußerster Erschöpfung und völliger Mutlosigkeit legte ich Gott meine Not hin. Den Kopf in den Händen, betete ich laut. Die Worte in dieser mitternächtlichen Stunde sind mir noch in lebendiger Erinnerung: „Herr, ich glaube, daß ich für eine gerechte Sache kämpfe. Aber jetzt habe ich Angst. Die Leute sehen auf mich als ihren Führer, und wenn ich so ohne Kraft und Mut vor ihnen stehe, werden sie auch wankend werden. Ich kann nicht mehr weiter. Ich habe den Punkt erreicht, wo ich es allein nicht mehr schaffe."

In diesem Augenblick erlebte ich die Gegenwart Gottes wie nie zuvor. Mir war, als hörte ich eine innere Stimme, die mir Mut zusprach: „Stehe auf für die Gerechtigkeit! Stehe auf für die Wahrheit! Und Gott wird immer an deiner Seite sein!"

Fast augenblicklich waren meine Ängste dahin. Meine Unsicherheit verschwand. Ich war bereit, allem ins Auge zu sehen. [4]

*

Viele Leute sind überrascht, wenn sie erfahren, daß ich ein Optimist bin. Sie wissen, wie oft ich ins Gefängnis geworfen wurde, wie oft meine Tage und Nächte mit Enttäuschung und Sorge angefüllt waren, wie verbissen und gefährlich meine Feinde sind. Sie erwarten, daß diese Erfahrungen mich zu einem grimmigen und verzweifelten Menschen machen. Sie begreifen nicht das Gefühl der Bestärkung, das erzeugt wird durch die Herausforderung, den Kampf aufzunehmen und die Hindernisse zu überwinden. Sie haben kein Verständnis für die Stärke, die aus dem Glauben an Gott und den Menschen kommt. Ich mag straucheln, aber ich bin völlig sicher in dem Wissen, daß Gott uns liebt. Er hat unser Scheitern nicht geplant. Der Mensch hat die Fähigkeit, sowohl richtig als auch falsch zu handeln, und seine Geschichte ist ein Weg nach oben, nicht nach unten. Die Vergangenheit ist übersät mit den Ruinen der Tyrannenreiche, und jedes dieser Reiche dokumentiert nicht nur die Fehler des Menschen, sondern auch seine Fähigkeit, sie zu überwinden. [5]

*

M. E. ist die Frage, wie man mit Enttäuschungen fertig wird, eines der quälendsten menschlichen Probleme. In unserem eigenen Leben destillieren wir allzu oft Bitterkeit aus unseren Enttäuschungen oder baden uns in tiefem Selbstmitleid oder vertreten eine fatalistische Philosophie, wonach alles, was geschieht, geschehen muß und alle Ereignisse von Notwendigkeit bestimmt sind. Derartige Reaktionen vergiften die Seele und verletzen die Persönlichkeit. Die einzig richtige Antwort besteht in dem ehrlichen Eingeständnis der Enttäuschung, selbst wenn man an Hoffnungsfragmenten festhält; in der Hinnahme begrenzter Enttäuschung, selbst wenn man an unbegrenzter Hoffnung festhält.

Wir, die wir arm und schwarz sind und so lange von Freiheit geträumt haben, sind immer noch im Gefängnis der Rassentrennung und Diskriminierung eingeschlossen. Müssen wir mit Bitterkeit und Zynismus antworten? Mir liegt daran, daß das auf keinen Fall geschieht – denn dann kann die Wut der Schwarzen so verzweifelt werden, daß sie in Selbstmord endet. Müssen wir uns innerlich selbst bemitleiden? Natürlich nicht, denn das könnte zu Wahnideen führen, die sich selbst besiegen. Müssen wir daraus folgern, daß wir nicht gewinnen können? Sicherlich nicht, denn das würde zu einem verzweifelten schwarzen Nihilismus führen, der Störung um der Störung willen sucht. Müssen wir uns der Unterdrückung unterwerfen, weil wir den fatalistischen Schluß ziehen, Rassentrennung sei dem Universum vorherbestimmt? Natürlich nicht. Denn passive Kooperation mit einem ungerechten System macht den Unterdrückten so schlecht wie den Unterdrücker. Es verspricht am meisten Erfolg, wenn wir standfest sind, mit aggressiver Gewaltlosigkeit vorwärtsschreiten, Enttäuschungen akzeptieren und uns an die Hoffnung klammern. Unsere bestimmte Weigerung, uns aufhalten zu lassen, wird schließlich die Tür zur Erfüllung öffnen.

Ich erinnere mich lebhaft daran, wie ich 1956 für den Flug von New York nach London in einer Propellermaschine neuneinhalb Stunden benötigte, wofür man mit einem Jet heute etwa sechs Stunden braucht. Auf dem Rückflug von London in die USA kündigte die Stewardeß an, der Flug werde zwölfeinhalb Stunden dauern. Wenn die Entfernung die gleiche war, warum dann drei Stunden mehr? Als der Pilot den Passagierraum betrat, um die Fluggäste zu begrüßen, bat ich ihn um eine Erklärung. Er sagte etwas, was ich nie vergessen werde: „Sie müssen etwas über die Winde wissen. Wenn wir New York verlassen, begünstigt uns ein starker Rückenwind. Aber auf dem Rückflug haben wir starken Gegenwind." Und dann fügte er hinzu: „Machen Sie sich keine Sorgen. Die vier Maschinen werden mit dem Wind fertig."

In jeder sozialen Revolution gibt es Zeiten, in denen Rückenwinde des Triumphes und der Erfüllung uns begünstigen, und andere Zeiten, in denen starke Gegenwinde der Enttäuschung und der Rückschläge uns unerbittlich ins Gesicht blasen. Wir dürfen uns bei der Reise über den mächtigen Ozean des Lebens nicht von ungünstigen Winden überwältigen lassen. Wir müssen uns trotz der Winde von den Energien und Motoren unseres Mutes tragen lassen. Diese Weigerung, sich aufhalten zu lassen, dieser „Mut zum Sein", diese Entschlossenheit, „trotzdem" weiter zu machen, ist der Echtheitsstempel jeder großen Bewegung.[6]

*

Ich trete weiter jedem Versuch entgegen, unsere Freiheit mit jenen Methoden der Bosheit, des Hasses und der Gewalt zu gewinnen, die für unsere Unterdrücker „typisch" sind. Haß ist für den Hassenden genauso schädlich wie für den Gehaßten. Wie unkontrollierbarer Krebs zerrüttet Haß die Persönlichkeit und zerstört ihre lebendige Einheit. Er hat keine Grenzen. ... Und deshalb sagen die Psychiater: Liebe oder stirb! Ich habe Haß auf zu vielen Gesichtern von Sheriffs in Alabama und Mississippi gesehen, als daß ich dem Neger raten könnte, auf diese erbärmliche Ebene herabzusinken. Haß ist eine zu große Last.

Natürlich könntet ihr sagen: „Das ist nicht praktisch. Im Leben kann keiner dem anderen etwas schenken, man muß zurückschlagen, jeder kämpft gegen jeden." „In einem fernen Utopia vielleicht", so könntet ihr sagen, „läßt sich dieses Ideal verwirklichen, aber nicht in der harten, kalten Welt, in der wir leben." Ich kann darauf nur antworten, daß die Menschheit dem sogenannten praktischen Weg nun schon lange Zeit gefolgt ist, und das hat nur tiefer in Verwirrung und Chaos geführt. Die Zeit ist übersät mit den Wracks von Individuen und Gemeinschaften, die sich dem Haß und der Gewalt ausgeliefert haben. Ich bin sicher, viele von euch haben Franz Fanons „Die Verdammten der Erde" gelesen. Gegen Ende des Buches sagt er: „So, Kameraden, laßt uns nicht Europa Tribut zahlen, ... indem wir Staaten, Institutionen und Gesellschaften bilden, die von Europa inspiriert sind. Die Menschheit wartet auf etwas anderes als eine solche Imitation, die sowieso nichts wäre als eine häßliche Karikatur. Wenn wir Afrika zu einem neuen Europa machen wollen ... und Amerika zu einem neuen Europa, dann überlaßt das Schicksal unserer Länder den Europäern. Sie werden das besser können als die Begabtesten unter uns. Aber wenn wir möchten, daß die Menschheit einen Schritt weiterkommt, wenn wir sie auf eine andere Stufe bringen wollen als die, die uns Europa gezeigt hat, dann müssen wir selber erfinderisch sein und Entdeckungen machen." Und dann fährt er am Schluß des Buches fort: „Für Europa, für uns selber und für die Menschheit, Kameraden, müssen wir ein neues Blatt aufschlagen. Wir müssen neue Konzeptionen ausarbeiten und versuchen, einen neuen Menschen zu schaffen."

Das sind mutige und herausfordernde Worte, und ich bin froh, daß junge schwarze Männer und Frauen sie zitieren. Aber das Problem besteht darin, daß Fanon und diejenigen, die ihn zitieren, neue Konzeptionen ausarbeiten und einen neuen Menschen schaffen wollen und dabei zugleich alte Gewaltkonzepte imitieren. Ist das nicht ein grundsätzlicher Widerspruch? Gewalt ist der untrennbare Zwilling des Materialismus gewesen, der Echtheitsstempel seiner Größe. Diesen Aspekt der modernen Zivilisation möchte ich auf keinen Fall imitieren. Die Menschheit wartet auf etwas anderes als eine blinde Nachahmung der Vergangenheit. Wenn wir wirklich einen Schritt weiter gelangen wollen, wenn wir eine neue Seite aufschlagen wollen und einen neuen Menschen wollen, dann müssen wir damit anfangen, die Menschheit aus der langen und trostlosen Nacht der Gewalt herauszubringen.

Könnte es nicht sein, daß der neue Mensch, den die Welt braucht, der gewaltlose Mensch ist?[7]

*

Gewalt ist ein unmoralisches Mittel, weil sie den Gegner demütigen, sich aber nicht mit ihm verständigen will. Sie will den anderen vernichten, nicht gewinnen. Gewalt ist unmoralisch, weil sie nicht aus der Liebe, sondern aus dem Haß geboren ist. Sie zerstört die Gemeinschaft und schließt die Bruderschaft aus. Sie läßt die Gesellschaft im Monolog zurück, statt im Dialog. Gewalt endet damit, daß sie sich selbst vernichtet. Sie macht die Überlebenden bitter und die Zerstörer brutal. Eine Stimme ruft jedem Petrus zu: „Stecke dein Schwert an seinen Ort!" Die Geschichte ist ein einziges Trümmerfeld von Völkern, die diesen Befehl nicht befolgt haben.[8]

*

Es ist nicht leicht, der Verkündigung zu glauben, daß moralische Gewalt mindestens ebensoviel Schlagkraft und Wirksamkeit besitzt wie die Fähigkeit, einen körperlichen Schlag zu erwidern, und daß es mehr Willensstärke und Mut erfordert, auf ein Zurückschlagen zu verzichten, als den Reflexen der Verteidigung automatisch nachzugeben.[9]

*

Darin liegt die wahre Bedeutung, der wahre Wert von Mitgefühl und Gewaltlosigkeit, daß sie uns helfen, den Standpunkt des Feindes zu sehen, seine Fragen zu hören, zu wissen, wie er uns einschätzt. Denn aus seiner Sicht heraus vermögen wir tatsächlich die grundlegenden Schwächen unserer eigenen Stellung zu erkennen, und wenn wir reif sind, können wir aus der Weisheit der Brüder, die Gegner genannt werden, lernen, an ihr wachsen und von ihr profitieren.[10]

*

Wir müssen die Fähigkeit zur Vergebung entwickeln und fördern. Wer nicht in der Lage ist zu verzeihen, der ist auch unfähig zu lieben. Auch im Schlechtesten von uns steckt etwas Gutes und etwas Böses auch im Besten von uns. Wenn wir das erkennen, sind wir weniger versucht, unsere Feinde zu hassen. [11]

*

In unserem religiösen Erbe ist die Überzeugung tief verwurzelt, daß jeder Mensch Erbe eines Vermächtnisses von Würde und Wert ist. Unsere jüdisch-christliche Tradition spricht von dieser angeborenen Würde des Menschen in dem biblischen Wort vom „Ebenbild Gottes". Am „Ebenbild Gottes" haben alle Menschen im gleichen Maße teil. Es gibt keine Stufenleiter des Wertes. Jedes menschliche Wesen trägt in seiner Persönlichkeit den unauslöschlichen Stempel des Schöpfers eingeprägt. Jeder Mensch muß geachtet werden, weil Gott ihn liebt. Der Wert des einzelnen liegt nicht in der Kraft seines Intellekts, seiner rassischen Herkunft oder seiner sozialen Stellung. Der menschliche Wert liegt in seiner Beziehung zu Gott. Der einzelne hat Wert, weil er für Gott Wert hat. [12]

*

Es kommt die Zeit, in der ein moralischer Mensch sich einem Gesetz nicht unterordnet, von dem sein Gewissen ihm sagt, daß es ein ungerechtes Gesetz ist. Und wichtig dabei ist, daß, wenn er sich so verhält, er eine Verurteilung in Kauf nimmt – denn wenn er sich ihr widersetzt, dann wird er rücksichtslos, und er wird zum Anarchisten. Zu jeder Zeit und in jeder Generation gab es Persönlichkeiten, die bercit waren zu sagen: „Ich gehorche einem höheren Gesetz!" Es ist wichtig, zu erkennen, daß es Zeiten gibt, in denen ein von Menschen verfaßtes Gesetz nicht im Einklang mit dem sittlichen Gesetz der Schöpfung steht. [13]

*

Gewaltloser Zwang bringt immer eine Spannung zum Vorschein. Diese Spannung darf jedoch nicht als destruktiv angesehen werden. Es gibt eine Art von Spannung, die sowohl gesund als auch notwendig für das Wachstum ist. Die

Gesellschaft braucht gewaltlose Störenfriede, um ihre Spannungen ans Licht zu bringen und ihre Bürger zu zwingen, sich die Häßlichkeit ihrer Vorurteile und die Tragödie ihres Rassismus klarzumachen. [14]

*

Alle Menschen sind voneinander abhängig. Jede Nation ist Erbe eines großen Schatzes von Ideen und Arbeit, zu dem die Lebenden und die Toten aller Nationen beigetragen haben. Ob wir es wissen oder nicht, jeder von uns bleibt ewig „in der Schuld" von anderen. Wir sind ewige Schuldner bekannter und unbekannter Männer und Frauen. [15]

*

Wir haben gelernt, wie Vögel zu fliegen und wie Fische zu schwimmen, aber wir haben die einfache Kunst nicht erlernt, als Brüder zusammenzuleben. [16]

*

Wir haben heute noch die Wahl: gewaltlose Koexistenz oder gewaltsame Vernichtung aller. Dies kann sehr wohl die letzte Chance der Menschheit sein, zwischen dem Chaos und der Gemeinschaft zu wählen. [17]

*

In einer Welt, die dem Aufstand zerlumpter und hungriger Massen von Kindern Gottes entgegenblickt; in einer Welt, die in der Spannung zwischen Ost und West, zwischen weiß und farbig, zwischen Individualisten und Kollektivisten zerrissen wird; in einer Welt, deren kulturelle und geistige Macht so weit hinter ihren technischen Fähigkeiten nachhinkt, daß wir jeden Tag am Abgrund nuklearer Gesamtvernichtung leben – in dieser Welt ist Gewaltlosigkeit kein Gegenstand theoretischer Untersuchungen mehr, sondern ein Gebot zu handeln. [18]

*

Die entwickelten Industriestaaten der Welt können keine sicheren Inseln des Wohlstands in einem brodelnden Meer der Armut bleiben. Ein Sturm erhebt sich gegen die privilegierte Minderheit der Erde, vor dem es keine Zuflucht in Isolierung und Kriegsrüstung gibt. Der Sturm wird sich nicht legen, bis eine gerechte Verteilung der Früchte der Erde es dem Menschen allenthalben ermöglicht, anständig und menschenwürdig zu leben. [19]

*

Wahrer Friede bedeutet nicht lediglich die Abwesenheit von Konflikten, sondern die Gegenwart von Gerechtigkeit. [20]

*

Nichts in unserer glitzernden Technologie vermag den Menschen zu neuen Höhen zu führen, weil materielle Größe zu einem Ziel in sich selbst geworden ist, und wo ein moralisches Ziel fehlt, da wird der Mensch in dem Maße immer unwichtiger, wie seine Leistungen an Bedeutung zunehmen. Gigantische Industrien und Verwaltungen, verflochten zu einem verwickelten, computergesteuerten Mechanismus, schließen den Menschen aus. Das Gefühl des Beteiligtseins geht verloren, das Gefühl, daß normale Menschen wichtige Entscheidungen beeinflussen, verschwindet, und der Mensch wird ausgestoßen und erniedrigt.

Wenn aber der einzelne kein echter Teilhaber mehr ist, wenn er seiner Gesellschaft gegenüber keine Verantwortung mehr fühlt, dann verliert die Demokratie ihren Sinn. [21]

*

Wie so viele andere menschliche Institutionen existiert die Kirche in zwei Formen: in der machtvollen, prophetischen und dynamischen geistlichen Form, die in vielen großen Bewegungen der Geschichte erschienen ist, und in der gesetzten, konservativen, institutionellen Form, die durch unsere Gebäude und denominationellen Strukturen charakterisiert wird. Es ist wahr: Sonntagmorgen elf Uhr ist die Stunde mit der weitreichendsten Rassentrennung im Leben unserer Nation, aber es ist auch wahr, daß Christen einen großen Anteil an der Stärke der gegenwärtigen Revolution haben.

Christen marschierten mit uns in Albany in Georgia und wurden von jüdischen Rabbinern begleitet. Sie fuhren mit uns in den Bussen während der „Freiheitsfahrten". Aber viele von ihnen kehrten zu Kirchen und Synagogen zurück, deren Gemeinden darüber beunruhigt waren, daß ein Neger in ihre Nachbarschaft ziehen wollte. Nichts veranschaulicht deutlicher das Dilemma der Kirche.

Harry Emerson Fosdick hat darauf hingewiesen, daß Männer und Frauen Christus aus zwei ganz unterschiedlichen Motiven gefolgt sind. Es gibt die ästhetische Antwort auf Christus, die mit der Schönheit des Gottesdienstes verbunden ist, mit den bewegenden Hymnen und Zeremonien, die die Kirche um sein Leben geschaffen hat. Und dann gibt es die ethische Antwort, die erfolgt, wenn man seine Lehren und sein ethisches Beispiel ernstnimmt und eine persönliche Verpflichtung empfunden wird, seinem Beispiel zu folgen. Zu oft haben Menschen auf Christus gefühlsmäßig geantwortet. Die Vorstellung von einem persönlichen Erlöser, der für uns gestorben ist, ist sehr ansprechend. Aber oft neigen Christen dazu, den auferstandenen Christus zu sehen und den Menschen Jesus zu übersehen, der sein Gesicht nach Jerusalem wandte und lieber bewußt die Kreuzigung auf sich nahm als Gottes Willen zu verneinen und dem Druck der Pharisäer und Schriftgelehrten nachzugeben, vieles von seiner Lehre zurückzunehmen, nach der alle Menschen Kinder Gottes sind. (...)

Das wirklich Tragische an dem unchristlichen Christen ist die Tatsache, daß er sich tatsächlich selber überzeugt hat, er verhalte sich richtig in seiner Sünde und seinem Irrglauben. Er versteht die Kirche als seinen eigenen privaten Country Club und nicht als den Leib Christi mit einer zweitausendjährigen Geschichte und Lehre. Die Kirche ist für ihn wenig mehr als ein unbedeutender geselliger Verein mit einem dünnen Anstrich von Religiosität, wo sich seine Töchter treffen und den richtigen Mann heiraten können und wo das Erbe seiner Vorväter aus dem 18. Jahrhundert vor dem Angriff moderner Technologie und sozialer Kräfte bewahrt werden kann.

In dieser „Buntglasfenster-Zuflucht“ vor der Welt interessiert es die Menschen nicht mehr, was Gott über ihr Leben und ihre Gewohnheiten denkt. Sie machen sich Sorgen darüber, was wohl ihre Nachbarn sagen würden, wenn sie sich nicht den akzeptierten Formen des Vorurteils und der Diskriminierung anpassen. (. . .)

Dennoch kann ich weder die Kirche noch den unchristlichen Christen aufgeben. Ich bin zu sehr Prediger, um Gottes Macht anzuzweifeln, Menschen zur Buße zu bringen. [22]

*

Jede Religion, die behauptet, sie kümmere sich um die Seele des Menschen, und sich nicht kümmert um die Slums, in denen die Menschen zugrundegehen, um die wirtschaftlichen Verhältnisse, die ihnen den Hals zuschnüren, und um die sozialen Verhältnisse, die sie lähmen, eine solche Religion ist eine saft- und kraftlose Religion. Solch eine Religion ist von der Art, wie die Marxisten sie gern sehen würden – Opium des Volkes. [23]

*

Alles, was ich für die Bürgerrechte tue, sehe ich als Teil meines Dienstes als Pastor an, weil ich überzeugt bin, daß das Evangelium seinem Wesen nach dem ganzen Menschen dient. Es genügt nicht, sich um die Seele des Menschen zu sorgen. Man muß sich auch um den Körper und um die Umweltbedingungen kümmern, die die Seele verletzen können. [24]

*

Von wem darf man mit größerem Recht erwarten, daß er die Sehnsüchte und Hoffnungen der Menschen artikuliert, als vom Prediger? Ein Prediger muß eine Art Feuer in seinem Gebein verschlossen haben. Und wo ihm Ungerechtigkeit begegnet, da muß er sie beim Namen nennen. In gewisser Weise muß der Prediger ein Amos sein und sagen: „Wenn

Gott spricht, wer muß dann nicht prophezeien?" Wie Amos muß er sagen: „Es ströme aber wie Wasser das Recht und die Gerechtigkeit wie ein nie versiegender Bach." In gewisser Weise muß der Prediger mit Jesus sagen: „Der Geist des Herrn ruht auf mir, denn er hat mich gesalbt. Er hat mich gesalbt, die Probleme der Armen aufzugreifen." (...)

Ich bin jedesmal glücklich, wenn ich Pastoren sehe, die einen sinnvollen Dienst tun. Es ist nicht falsch, über „lange weiße Gewänder dort drüben" zu reden, dies Symbol hat seine Berechtigung. Aber letztlich wollen die Menschen Kleider und Schuhe hier unten auf der Erde tragen. Es ist nicht falsch, über Straßen zu reden, in denen Milch und Honig fließt, aber Gott hat uns befohlen, uns um die Slums hier unten zu sorgen, und um seine Kinder, die nicht einmal drei ausreichende Mahlzeiten pro Tag erhalten. Es ist nicht falsch, über das neue Jerusalem zu reden, aber eines Tages muß ein Prediger Gottes über das neue New York, das neue Atlanta, das neue Los Angeles, das neue Philadelphia und das neue Memphis reden. Das ist unsere Aufgabe.[25]

*

Vor 2000 Jahren sagte eine Stimme aus Bethlehem, daß alle Menschen gleich sind. Sie sagte, Recht werde triumphieren. Jesus von Nazareth schrieb keine Bücher; er besaß kein Eigentum, das ihm Einfluß verlieh. Er hatte keine Freunde an den Höfen der Mächtigen. Aber er änderte den Kurs der Menschheit mit den Armen und Verachteten allein. Mögen wir auch naiv und unbedarft sein, die Armen und Verachteten des 20. Jahrhunderts werden dieses Zeitalter revolutionieren. In unserer „Arroganz, Gesetzlosigkeit und Undankbarkeit" werden wir für menschliche Gerechtigkeit, Brüderlichkeit, sicheren Frieden und Fülle für alle kämpfen. Wenn wir diese Ziele erreicht haben – im Geist unerschütterlicher Gewaltlosigkeit – dann, in leuchtendem Glanz, wird die christliche Ära wahrlich beginnen.[26]

*

Quellenverzeichnis

(Die Zählung folgt dem Inhalts-Verzeichnis)

1. Martin Luther King, Kraft zum Lieben, Friedrich-Bahn-Verlag, Konstanz 1964: Texte 2 und 16,16 (Übers.: Hans-Georg Noack)
2. Martin Luther King, Freiheit, Oncken-Verlag, Wuppertal 1964: Texte 3 und 4 sowie 16,4; 16,8 und 16,23 (Übers.: Ruth Rostock u. Alfred Schmidt)
3. Martin Luther King, Warum wir nicht warten können, Econ-Verlag, Wien/Düsseldorf 1964: Texte 7 und 8 sowie 16,9 (Übers.: Hans Lamm)
4. Martin Luther King, Wohin führt unser Weg?, Econ-Verlag, Wien/Düsseldorf 1968: Texte 16,12; 16,14; 16,15 und 16,17 (Übers.: Hildegard Jany)
5. Martin Luther King, Aufruf zum zivilen Ungehorsam, Econ-Verlag, Düsseldorf/Wien 1969: Text 12 sowie 16,10; 16,18 und 16,19 (Übers.: Rosemarie Winterberg)
6. Martin Luther King. Ausgewählte Texte, hrsg. von Coretta Scott King, Goldmann-Verlag München 1985: Texte 16,11; 16,13; 16,20 und 16,21 (Übers.: Norbert Lechleitner)
7. Martin Luther King, Testament der Hoffnung. Letzte Reden, Aufsätze und Predigten, hrsg. von Heinrich W. Grosse (GTB 79), Gütersloher Verlagshaus, Gütersloh, 6. Aufl. 1989: Texte 9 und 15 sowie 16,2; 16,5; 16,6; 16,7; 16,25 und 16,26 (Übers.: Heinrich W. Grosse); Text 11 (Übers.: Anne Bahr und Hans-Jürgen Benedict)
8. Martin Luther King, Schöpferischer Widerstand, hrsg. von Heinrich W. Grosse, Gütersloher Verlagshaus, Gütersloh 1980: Texte 10 und 14 sowie 16,3 und 16,22 (Übers.: Heinrich W. Grosse)
9. James M. Washington, ed., A Testament of Hope. The Essential Writings of Martin Luther King, Jr., Harper & Row, San Francisco 1986: Texte 5 und 6 (Übers.: Heinrich W. Grosse)
10. Archives of the Martin Luther King, Jr., Center, Atlanta/ USA: Texte 1 und 13 (Übers.: Heinrich W. Grosse). Copyright: The King Estate.

Wir danken den genannten Verlagen für die erteilten Abdruckgenehmigungen.

Zeittafel

Martin Luther King

1929	(15. 1.) M. L. King, Jr., in Atlanta/Georgia geboren
1948	Ordination als baptistischer Pfarrer
1948-1951	Theologiestudium in Chester/Pennsylvania
1953	Eheschließung mit Coretta Scott
1954	Pfarrstelle in Montgomery/Alabama (Dexter Avenue Baptist Church)
1955	Geburt des ersten von vier Kindern (Yolanda)
1955	Busboykott in Montgomery (Dez. 1955 – Dez. 1956);
1956	M. L. King Sprecher der Protestorganisation
1956	Bombenanschlag auf Kings Wohnung
1957	Gründung der „Southern Christian Leadership Conference" (Präs.: M. L. King) Wahlrechtskampagnen im Süden der USA
1960	Wechsel auf 2. Pfarrstelle der Ebenezer Baptist Church in Atlanta; studentische Sit-ins gegen Rassentrennung in öffentlichen Einrichtungen
1961	„FreedomRides" gegen Rassentrennung im zwischenstaatlichen Busverkehr
1962	Gewaltlose Aktionen in Albany/Georgia
1963	Gewaltlose Boykottaktionen in Birmingham/Alabama („Brief aus dem Gefängnis in Birmingham"); „Marsch auf Washington" („Ich habe einen Traum")
1964	Wählerregistrierungskampagne in Mississippi Besuch Berlins auf Einladung von W. Brandt Friedensnobelpreis
1965	Bürgerrechtsmarsch von Selma nach Montgomery Unruhen im Schwarzenghetto Watts (Los Angeles): 35 Tote („langer heißer Sommer")
1966	Eintritt in Vorstand d. Vereinigg. „Geistliche u. Laien in Sorge um Vietnam" Gewaltlose Aktionen im Norden (Chicago): gegen Rassendiskriminierung im Wohnbereich
1967	Scharfe Kritik am Vietnamkrieg („Sprechen für die, die keine Stimme haben") Planung einer „Kampagne der Armen" in Washington, D. C.
1968	Unterstützung des Müllarbeiterstreiks in Memphis/Tenn. (3. 4.) Letzte Rede: „Ich bin auf dem Gipfel des Berges gewesen" (4. 4.) M. L. King, Jr. bei Aufenthalt in Memphis erschossen

Nicht erwähnt sind in dieser Übersicht die 29 Gefängnisaufenthalte Martin Luther Kings

1929	Weltwirtschaftskrise
1945	Gründung der UNO; Beginn des „Kalten Krieges"
1948	Mahatma Gandhi ermordet
1948	Blockade Berlins
1949	
1950	Koreakrieg
1953	
1953	Tod Stalins; Arbeiteraufstand in der DDR
1954	Algerischer Unabhängigkeitskrieg
1962	
1955	BRD souverän; Beitritt zur NATO
	Gründung des Warschauer Paktes
1956	Erste Einheiten der Bundeswehr
	Volksaufstand in Ungarn und Polen; Suezkrise
1957	Start des ersten Satelliten (Sputnik)
1959	Fidel Castro Sieger der kuban. Revolution
1960	„Afrikanisches Jahr": 17 ehemal. Kolonien unabhängig
1961	Bau der Berliner Mauer
1962	Kubakrise
1963	Ermordung des US-Präsidenten J. F. Kennedy
1964	Präsident Johnson verkündet „Feldzug gegen die Armut"
1964	US-Truppen in Vietnam
-1973	
1965	Kulturrevolution in China; Malcolm X ermordet;
	Notstandsgesetze im Bundestag verabschiedet;
	Aufnahme diplom. Beziehungen zw. BRD u. Israel
1966	USA bombardieren Hanoi
	Demonstrationen gegen Vietnamkrieg in Deutschland
	„Große Koalition" (CDU/CSU/SPD) in Deutschland
	Wahlerfolge der rechtsextremen NPD
1967	Student. Demonstrationen gegen Schah-Besuch
	(Benno Ohnesorg erschossen)
	Militärdiktatur in Griechenland verschärft
	2. arab.-israel. Krieg („7-Tage-Krieg")
	Krieg Biafra-Nigeria
1968	Studentenunruhen weltweit (Attentat auf Rudi Dutschke)
	Truppen des „Warschauer Paktes" beenden „Prager Frühling"
	Hungersnot in Biafra

Zeiten des Lebens

Jorge Amado
Der gestreifte Kater und die Schwalbe Sinhá
Eine Liebesgeschichte
Band 4337

Ein zartes Märchen vom großen Poeten Lateinamerikas.

Ludwig Harig
Zum Kap der guten Hoffnung
Das Lesebuch zur Lebenslust
Band 4331

Der „Jongleur der Sprache" (FAZ) setzt alles daran, seine wagemutigen Leser ans Kap der guten Hoffnung zu bringen.

Anthony de Mello
Zeiten des Glücks
Herausgegeben von Anton Lichtenauer
Band 4330

Das Glück ist nicht zu „machen", aber Glücklich-Sein kann man üben. Heitere, leichte und zugleich tiefe Texte eines großen spirituellen Lehrers.

Janusz Korczak
Der kleine König Macius
Eine Geschichte in zwei Teilen für Kinder und Erwachsene
Band 4322

Das erfolgreichste Werk des großen Pädagogen zeigt, wie Kinder Erwachsene sehen und was sic von ihnen und vom Leben erwarten.

Jörg Zink
Die zwölf Nächte
Was Weihnachten bedeutet
Band 4310

In zwölf nächtlichen Meditationen bringt Jörg Zink dem Leser die auch heute noch gültige Botschaft vom Licht in einer dunklen Welt nahe.

Anthony de Mello
Wer bringt das Pferd zum Fliegen?
Weisheitsgeschichten
Band 4304

Humorvolle, pointierte Geschichten und Aphorismen über große Lebensthemen. Ein Lesevergnügen mit Tiefgang.

Rafik Schami
Zeiten des Erzählens
Herausgegeben von Erich Jooß
Band 4259

Rafik Schami kann mit Worten zaubern. Wirklichkeit und Märchen, Vergangenheit und Gegenwart verwebt er zu einem farbenprächtigen orientalischen Erzählteppich.

Vladimir Karbusicky
Jüdische Anekdoten aus Prag
Band 4241

Weisheit, Witz und Nostalgie zugleich: Kostbarkeiten jüdischen Humors aus der Kulturhauptstadt Prag.

Wolfgang Kasack
Russische Weihnachten
Ein literarisches Lesebuch
Band 4227

„Ein faszinierendes Zeugnis der alten und ungebrochenen russischen Fähigkeit zu echter, festlicher Freude" (Münchner Merkur).

Idries Shah
Die fabelhaften Heldentaten des vollendeten Narren und Meisters Mulla Nasrudin
Band 4164

Humorvolle und tiefgründige Geschichten, die den Leser in die bezaubernde Welt des Orients entführen.

HERDER / SPEKTRUM

Albert Einstein
Zeiten des Staunens
Band 4153

Geniale Gedanken zu Frieden und Freiheit, zu Religion und Naturwissenschaft, zu Erziehung und Freundschaft, zu den drängenden Aufgaben einer zusammenwachsenden Welt.

Anthony de Mello
Warum der Vogel singt
Weisheitsgeschichten
Band 4149

Wie in einem Brennglas konzentriert: westliche und östliche, antike und moderne Lebenserfahrungen aus mehr als zwei Jahrtausenden.

Jakob J. Petuchowski
Es lehrten unsere Meister
Rabbinische Geschichten
Band 4132

„Die Lektüre dieses Buches ist wie ein Abenteuer auf der Suche nach Schönheit und Sinn" (Elie Wiesel).

C. S. Lewis
Dienstanweisung an einen Unterteufel
Band 4096

Verblüffende Einblicke in die menschliche Seele. Ein höllisches Vergnügen, geradezu teuflisch gut.

Antoine de Saint-Exupéry
Briefe an Rinette
Poesie einer Liebe
Band 4076

Vom Charme eines Gefühls, das das Leben verzaubert, erzählen die Briefe des jungen Antoine. Wundervoll als Geschenk.

Eugen Drewermann
Das Eigentliche ist unsichtbar
Der Kleine Prinz tiefenpsychologisch gedeutet
Band 4068

Ist es der ewige Traum verlorener Kindheit, der Saint-Exupérys Kleinen Prinzen so faszinierend macht? Mit dem Bestsellerautor Eugen Drewermann auf Reisen zu sich selbst.

Harry Pross
Buch der Freundschaft
Band 4044

Auf der Suche nach einer „Kultur der Freundschaft" heute. Ein Buch voll Esprit.

Antoine de Saint-Exupéry
Man sieht nur mit dem Herzen gut
Band 4039

Texte, in denen sich die unsentimentale und daher um so echtere Liebe Saint-Exupérys zum Menschen offenbart.

José Luis Sampedro
Das etruskische Lächeln
Roman
Band 4022

Erst wenn man wirklich gelebt hat, überdauert das Lächeln auch den Tod. „Eine lesenswerte zeitgemäße Familiensaga!" (Münchner Merkur).

Lew Tolstoj
Zeiten des Erwachens
Mit einem Nachwort herausgegeben von Axel Dornemann
Band 4017

Prosa wie Paukenschläge von einem atemberaubend modernen Kenner der menschlichen Seele. Eine Art „Tolstoj-Bibel".

Dieter Oberndörfer
Der Wahn des Nationalen
Die Alternative der offenen Republik
Band 4279

Der kulturelle Firniß ist dünn. Zwischen völkisch motivierter Abschottung und tödlicher Gewalt verläuft nur eine schmale Grenze. Oberndörfer zeigt, warum der Aufbau der offenen Republik gelingen muß.

Walter Thimm
Leben in Nachbarschaften
Hilfen für Behinderte
Band 4272

Das „Jahr der Behinderten" liegt lange zurück. Wie geht es im Alltag weiter? Konkrete, praxiserprobte Modelle des Zusammenlebens.

Albert Schweitzer
Wie wir überleben können
Eine Ethik für die Zukunft
Band 4264

Wir müssen umlernen: Nur wenn wir mit der Schöpfung verantwortungsvoll umgehen, werden wir überleben. Die zentralen Texte des Friedensnobelpreisträgers, aus denen seine Ehrfurcht vor dem Leben spricht.

Dorothee Sölle/Fulbert Steffensky
Wider den Luxus der Hoffnungslosigkeit
Band 4257

Welchen Wert haben Visionen von einem anderen Leben, wenn alle Kreativität in Sachzwängen unterzugehen droht?

Ernst Sieber
Menschenware – wahre Menschen
Die umwerfenden Geschichten des Obdachlosenpfarrers von Zürich
Band 4252

Energisch und humorvoll schildert Ernst Sieber die Welt der Penner und Clochards, erzählt er vom Geheimnis dieser wahren Individualisten.

Anetta Kahane/Eleni Torossi
Begegnungen, die Hoffnung machen
Grenzen gegenüber Ausländern überwinden – Ideen und Initiativen
Band 4236

Vielfalt statt Einfalt: Integration ist möglich, der Austausch zwischen den Kulturen schafft Nähe und Offenheit. Geschichten von verschiedenen Modellen, Beispiele und Anregungen aus der Praxis.

Thomas Brey
Die Logik des Wahnsinns
Jugoslawien – von Tätern und Opfern
Band 4230

Der Bürgerkrieg wurde von langer Hand vorbereitet. Spannend und anschaulich deckt Thomas Brey, Journalist, die verdeckten Spielregeln und Hintergründe dieses Dramas ohne Ende auf.

Richard Schröder
Deutschland schwierig Vaterland
Für eine neue politische Kultur
Band 4160

„Für alle, die sich mit den Schwierigkeiten der deutschen Einheit und der Teilung sorgen, sollte das Buch Pflichtlektüre sein" (Der Spiegel).

Franz Xaver Kaufmann
Der Ruf nach Verantwortung
Risiken und Ethik in einer unüberschaubaren Welt
Band 4138

Wegweisende Lösungen für das Schlüsselproblem unserer Zeit.

Fremd in einem kalten Land
Ausländer in Deutschland
Herausgegeben von Namo Aziz
Band 4130

Erfahrungsberichte deutscher und ausländischer Autoren wider die Fremdenfeindlichkeit made in Germany.